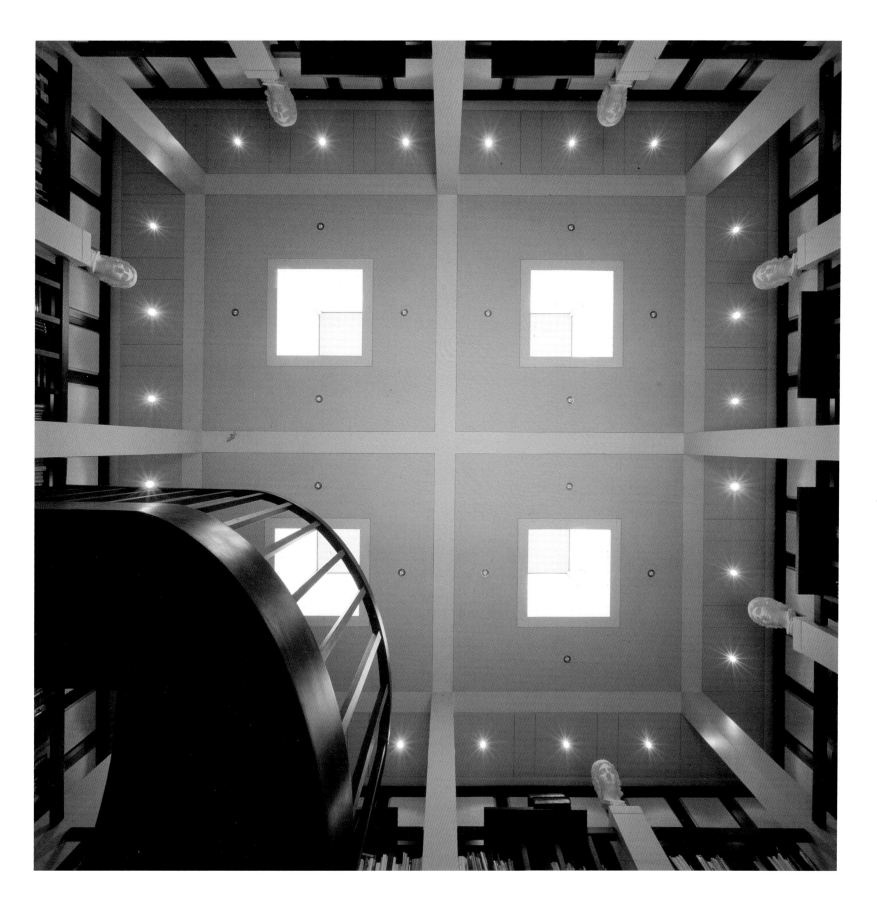

O. M. UNGERS

Kosmos der Architektur

Herausgegeben von Andres Lepik

HATJE CANTZ

S M
B Nationalgalerie
Staatliche Museen
zu Berlin

Inhalt

O. M. Ungers im Juli 2006

O. M. UNGERS

12. 7. 1926	geboren in Kaisersesch/Eifel
1947	Abitur
1947 — 1950	Architekturstudium an der TH Karlsruhe, Dipl.-Prüfung bei Prof. Eiermann
1950	Eröffnung eines Architekturbüros in Köln und Berlin
1963	Berufung als Ordinarius an die TU Berlin
1965 + 1967	Visiting Critic an der Cornell University, Ithaca
1965 — 1967	Dekan der Fakultät für Architektur an der TU Berlin
1969 — 1975	Professor of Architecture an der Cornell University, Ithaca
1970	Licensed Architect in New York State
1973 + 1978	Professor of Architecture an der Harvard University
1974 + 1975	Professor of Architecture an der University of California, Los Angeles
1975 — 1986	Professor of Architecture (Chairman) an der Cornell University, Ithaca (emeritiert)
1979 + 1980	Professor für Architektur an der Hochschule für angewandte Kunst in Wien
1986 — 1990	Professor für Architektur an der Kunstakademie Düsseldorf (emeritiert)
1971	Member American Institute of Architects (AIA)
1982	Mitglied Accademia di San Luca in Rom
1987	Mitglied Akademie der Wissenschaften zu Berlin
1987	Großer BDA-Preis
1988	Ehrenmitglied Bund Deutscher Architekten (BDA) Berlin
1989	Prix Rhénan Strasbourg
1992	Member of the Moscow Branch of the International Academy of Architects
1994	BDA-Preis Bremen
1997	Großes Verdienstkreuz des Verdienstordens der Bundesrepublik Deutschland
1999	Dr.-Ing. E. h. der TU Berlin
2000	Mitglied Akademie der Künste zu Berlin
2000	Großer DAI-Preis
2002	Goethe-Plakette, Frankfurt am Main
2002	Ehrenmitglied Akademie der Künste, Hamburg
2004	Ehrendoktor der Universität Bologna, Italien

O. M. Ungers. Kosmos der Architektur, Modell der Ausstellung in der Neuen Nationalgalerie, Berlin, 2005

Vorwort

Andres Lepik

Das Haus an der Belvederestraße in Köln von 1958/59 gibt nach außen hin nicht im Geringsten zu erkennen, dass sich darin das Schatzhaus und Denklabor eines der einflussreichsten Architekten Deutschlands seit Ende des Zweiten Weltkriegs verbirgt. Oswald Mathias Ungers, der seit 1989 noch zwei weitere Häuser für sich erbaut hat, kommt noch heute täglich in dieses erste Haus, das mit seiner exquisiten Sammlung von Kunst, Büchern und Architekturmodellen, aber vor allem auch mit seinem noch immer aktiven Büro die Keimzelle jenes breiten architektonischen Œuvres bildet, das er weit über die Spanne eines halben Jahrhunderts von hier aus erdacht und errichtet hat. Zusammen mit dem angebauten Bibliothekskubus bildet es die Kunst- und Wunderkammer, das Herz des Ungers'schen Architekturkosmos, angefüllt mit den wichtigsten Referenzen auf jene architektonische Ideenwelt, mit der er sich seit Jahrzehnten aktiv auseinandersetzt. Von allen Häusern, die bedeutende Architekten in der Geschichte für sich selbst errichtet haben, ist es einzigartig und scheint in seiner räumlichen und konzeptionellen Vielschichtigkeit nur noch mit dem Wohnhaus John Soanes in London vergleichbar. Mehr als 30 Jahre, von 1792 bis 1824, schuf Soane an seinem Haus, und hier wie dort findet sich im Inneren eine selbst erschaffene Architekturwelt in der Nussschale, in der Modelle, Bücher, Archiv und Kunst einander überlagern.

Wie Soanes Haus ist auch das Ungers'sche ein gebautes Manifest, ein visuell und physisch erfahrbarer Traktat über die Prinzipien der Architektur. Dabei sind die einzelnen Elemente untrennbar mit der Person des Architekten selbst verwoben. Ungers hat sich hier als ein Sammler von Ideen einen Mikrokosmos errichtet, dessen einzelne Bestandteile und Schichtungen als Exempla immer wieder auf den Makrokosmos der Architektur außerhalb der Wunderkammer verweisen. Dieser Kosmos aus mehreren Sammlungslinien hat wiederum in der Person Ungers' sein eigentliches Zentrum. Aufgrund ihres Charakters als konkrete Exempla von Ideen lassen sie sich die einzelnen Elemente der Sammlungen doch auch nach ihrem konzeptionellen Zusammenhalt befragen, nach den Koordinaten in diesem persönlichen Gefüge sortieren.

Ungers' architektonisches Werk, seine Bauten und Projekte also, hat über die vergangenen Jahrzehnte vielerlei Würdigungen und Darstellungen gefunden. Auch seine Architekturtheorie, die diesem Werk das geistige Fundament bereitet, wird durch die gerade erschienene Untersuchung *Oswald Mathias Ungers. Eine intellektuelle Biographie* von Jasper Cepl nun erstmals in ihrer Entwicklung nachgezeichnet und gewürdigt. Doch Praxis und Theorie des Architekten Ungers schneiden sich konkret im Mikrokosmos der Sammlungen von Büchern, Kunst und Modellen. Hier liegt ein Schlüssel zum Verständnis von Theorie und Praxis, der bislang wohl noch kaum betrachtet wurde.

Die Beschäftigung mit Ungers' Sammlungen gleicht mithin einer Suche nach den Entwicklungslinien, nach den Ankerpunkten seines architektonischen Denksystems. Einer der wesentlichsten Pole dieses Kosmos ist die Kunst. Hier hat sich Ungers über die Jahrzehnte hin eine Sammlung erobert, die in ihrer Qualität und ihrem Profil ihresgleichen sucht und deren innerer Zusammenhalt noch nie beschrieben wurde. Einen weiteren Pol bildet die Sammlung der kostbaren Bücher und Quellenschriften. Einen exklusiven Schatz architektonischer Weltweisheit hat Ungers darin materiell versammelt, Spiegel seines enzyklopädischen Wissens, seiner forschenden Neugier und seines Selbstanspruchs zugleich, aktiv an diesem Gespräch der wichtigsten Geister teilzunehmen. Und wieder ähnlich wie bei John Soane sind auch bei Ungers die Architekturmodelle als maßstäblich verkleinerte Repräsentanten sowohl seiner eigenen Bauten als auch von Ikonen der Architekturgeschichte wie Pantheon oder Akropolis ein zentrales Element seiner Sammlung. All diese Elemente sind wie die Figuren eines Schachbretts in ihrer räumlichen Position durchaus nicht statisch, Modelle, Kunstwerke und Bücher werden immer wieder in neue Positionen gebracht, von einem Haus zum anderen bewegt und damit in dynamische Relationen versetzt und waren zum Teil auch schon in Ausstellungen zu sehen, die Ungers natürlich selbst konzipiert und gestaltet hat. Dass er mit seiner intensiven und engen persönlichen Beziehung zur Kunst auch als Architekt von öffentlichen Museen einen bedeutenden Beitrag geleistet hat, ist weithin bekannt. Und dass sich sein sammlerisches Interesse, sein zentrales Thema der Assemblage, wie er es in der *Thematisierung der Architektur* benennt, auch bis in den großen Maßstab der Architektur, das heißt den Städtebau, erstreckt, ist dabei konsequent.

Das Sammeln als »Ausdruck einer Auswahl, die immer auf Reduktion abzielt« (Wilfried Kühn) ist eine geistige Haltung, die sich im Konkre-

[1] Oswald Mathias Ungers, »Die neue Nationalgalerie im Wandel der Zeit«, in: *Neue Nationalgalerie. Dreißig Jahre,* hrsg. von Paul Kahlfeldt und Andres Lepik, Berlin 1998, S. 20.

ten erfüllt. So präzis die Kriterien der Reduktion in Ungers' Architektur und Theorie auch sind, so scheint durch die materielle Akkumulation der Bücher, Modelle und Kunstwerke in seiner Sammlung dann eben doch auch das Prinzip der Vielheit, der Mannigfaltigkeit deutlich hindurch. Und bei aller gründlichen wissenschaftlichen Recherche nach den Ewigkeitswerten der Architektur sind Ungers' Sammlungen auch spürbar von einer feurigen Leidenschaft und von der sich immer wieder neu entfachenden Begeisterung über die Entdeckung von Ideen und Zusammenhängen in der Welt des Konkreten geprägt. Die Vielschichtigkeit seiner Sammlungen und ihr durchaus nicht in allen Aspekten erklärbarer Zusammenhalt sind dabei offensichtlich ein gelebter und in der Tiefe wohl reflektierter Widerspruch, eine »Coincidentia oppositorum«, wie sie Ungers immer wieder so gerne nach Nikolaus von Kues benannt hat.

Kein anderer Architekt Deutschlands hat nach dem Zweiten Weltkrieg das Nachdenken über die Grundlagen der Architektur so gründlich und so grundsätzlich betrieben wie Oswald Mathias Ungers. Aus der intensiven historischen und theoretischen Recherche, der tiefgründigen Reflexion und Selbstbefragung heraus hat er das Regelwerk für seinen eigenen Weg entwickelt, den er bruchlos und unbeirrt von allen Moden bis heute fortsetzt. In dem Maße, wie sich Ungers immer wieder Klarheit über die historischen und objektiven Prinzipien der Architektur verschafft hat, gelang es ihm eben auch, ein Œuvre zu entwickeln, das in der engen Verflechtung von Theorie und Praxis eine bereits seit mehreren Jahrzehnten andauernde Wirkung ausgelöst hat. In diesem breiten Œuvre Oswald Mathias Ungers' ist Berlin ganz unbestritten die eigentliche Hauptstadt. Dass er hier, in Mies van der Rohes Neuer Nationalgalerie, seinen Sammlungskosmos von Kunst, Büchern und Modellen sowie auch eigene Projekte zeigen kann, ist eine einzigartige Konstellation: »Es ist das Sublime, das Erhabene, das sich in der elementaren Einfachheit der Nationalgalerie ausdrückt und das mir ein Glücksgefühl vermittelt, das von einer gebauten reinen Idee ausgeht …«[1]

Christian Friedrich Tieck,
Büste Karl Friedrich Schinkel, 1819

Ein Besuch im Haus des Architekten

Die Kunstsammlung Oswald Mathias Ungers'

Stephanie Tasch

[1] Die Kunstsammlung ist bisher noch nicht ausführlich gewürdigt worden; für erste Einblicke im Zusammenhang mit der Architektur der Häuser Ungers I–III vgl. Werner Strodthoff, »Eine Privatbibliothek in Köln-Müngersdorf«, in: *Bauwelt*, 82, 16. April 1991, S. 830–833; Jörg Stabenow, *Architekten wohnen. Ihre Domizile im 20. Jahrhundert,* Berlin 2000, S. 188–205. Die Kunst der Gegenwart aus der Sammlung Ungers wurde 1999/2000 in Düsseldorf und Köln gezeigt, vgl. *O. M. Ungers. Zwischenräume,* hrsg. von Anja Sieber-Albers und Sophia Ungers, Ausst.-Kat. NRW-Forum Kultur und Wirtschaft, Düsseldorf, Ostfildern-Ruit 1999, und *O. M. Ungers: Zeiträume – Architektur – Kontext,* hrsg. von Anja Sieber-Albers, Ausst.-Kat. Wallraf-Richartz-Museum in der Josef-Haubrich-Kunsthalle, Köln, Köln 1999. Einige Arbeiten befinden sich als Dauerleihgaben in der (von O. M. Ungers gebauten) Galerie der Gegenwart der Hamburger Kunsthalle, andere Arbeiten wurden als Leihgaben in Ausstellungen entliehen (freundlicher Hinweis von Anja Sieber-Albers, Büro Ungers, vom 17. Mai 2006).

[2] Zit. n. Düsseldorf 1999 (wie Anm. 1), S. 7.

[3] Die alte Kunst wurde überwiegend über den Kunsthandel, auf Messen oder Auktionen angekauft, während die zeitgenössische Kunst aus Galerien stammt oder von den Künstlern direkt erworben wurde (Gespräch mit Sophia Ungers am 9. Mai 2006). Die Sammlung ist nicht katalogisiert, Unterlagen zu den Kunstwerken befinden sich im Archiv Ungers, Köln. Eine Bearbeitung der Sammlung im Sinne eines Katalogs lag außerhalb der Absicht und der Möglichkeiten des vorliegenden Beitrags.

Ein Besuch im Haus Ungers ist wie ein imaginärer Spaziergang im Kopf des Architekten. Die Kunstsammlung, die in fast allen Räumen präsent ist, animiert nicht nur zur Betrachtung einzelner Kunstwerke und Werkgruppen, sondern auch zur Erforschung ihrer vielschichtigen Verbindung mit Oswald Mathias Ungers' Architektur, seinen theoretischen Äußerungen und den anderen Sammlungsteilen.[1] Sein aphoristisches Diktum, es käme »auf den Dialog an in den Zwischenräumen zwischen Kunst und Architektur«,[2] ist an diesem Ort wortwörtlich umgesetzt. Fruchtbar gemacht wird dieser Dialog aus der Komplementarität von Tradition und Gegenwart: In der Sammlung Ungers begegnet die klassisch-humanistische Tradition seit der Antike der Kunst des 20. Jahrhunderts mit ihrer radikalen Befreiung vom Gegenstand und der Reduktion auf die geometrischen Grundformen. Historisch setzt die Sammlung mit antiker Skulptur und Skulpturfragmenten sowie Abgüssen bedeutender Werke wie der *Nike von Samothrake* und des *Torso vom Belvedere* ein. Ein umfangreicher Sammlungsschwerpunkt sind die Gemälde alter Meister aus dem 16. bis 19. Jahrhundert, mit Architekturdarstellungen in Malerei, Zeichnung und Grafik, die Veduten und Capricci ebenso umfassen wie Entwürfe und architektonische Motive bedeutender Architekten. Zu dieser Gruppe gehören etwa Leo von Klenzes *Der ältere Heratempel in Paestum* (1859), aber auch Entwurfzeichnungen von Karl Friedrich Schinkel, Galli da Bibiena oder Étienne-Louis Boullée sowie präzise ausgeführte Studien von Säulenordnungen und Architekturfragmenten. Daneben enthält die Sammlung architektonische Fantasien wie eine Vision des *Turmbaus zu Babel* von Hendrik van Cleve III aus dem 16. Jahrhundert oder François de Només *Ruinencapriccio bei Nacht* von 1622. Auffallend sind die zahlreichen Italiendarstellungen, Ausdruck von klassizistischer Antikenrezeption ebenso wie der Ruinenromantik des 18. und 19. Jahrhunderts und der Antikenrezeption seit der Renaissance. Komplementäre Sammlungsschwerpunkte bilden die Werke der klassischen Moderne und der zeitgenössischen Kunst sowie der zeitgenössischen Skulptur seit den 1970er Jahren.[3] In den beiden Hauptwerken der Sammlung, Lancelot Théodore Turpin de Crissés *Die Akropolis von Athen* von 1804 und Piet Mondrians *Komposition in Rot, Gelb und Blau* von 1927, begegnen sich auf einer Art Gipfeltreffen die Ansicht eines der Schlüs-

Hendrik van Cleve III,
Der Turmbau zu Babel,
Mitte 16. Jahrhundert

Leo von Klenze,
Der ältere Heratempel in Paestum, 1859

François de Nomé,
Ruinencapriccio bei Nacht, 1622

[4] Turpin de Crissé reiste 1802/03 in die Schweiz und 1807/08 nach Italien, war aber nie in Griechenland. Das Musée Turpin de Crissé befindet sich in Angers.

[5] Vgl. Nancy J. Troy, »Mondrian's Designs for the *Salon de Madame B...*, *à Dresden*«, in: *The Art Bulletin*, LXII, 4, Dezember 1980, S. 640–647.

[6] Vgl. Oswald Mathias Ungers, »Aphorismen zur Architektur«, in: *Oswald Mathias Ungers. Bauten und Projekte 1991–1998*, Stuttgart 1998, S. 10.

[7] Gespräch mit Sophia Ungers am 9. Mai 2006.

Carl Georg Adolph Hasenpflug, *Blick auf den Gendarmenmarkt*, 1822

selbauten der Antike, imaginiert von einem Maler, der zum Sammler und Museumsgründer wurde,[4] und eine der abstrakten Kompositionen des Maler-Theoretikers, der in dieser späteren Phase seines Schaffens intensive Beziehungen zu Deutschland unterhielt und ein Jahr zuvor für die Dresdner Sammlerin Ida Bienert (nie realisierte) Entwürfe für die Ausstattung einer Bibliothek geliefert hatte.[5] Zwei Künstler also, die dem Baumeister Ungers sehr nahe sein müssten. Ausgehend von Mondrian dominieren in der Sammlung Ungers die abstrakten Positionen der amerikanischen und deutschen (man ist versucht zu sagen: rheinischen) Malerei der 1960er bis 1990er Jahre. Neben Josef Albers' *Homage to the Square: Waiting* von 1962 verweisen zwei monochrome graue Gemälde von Gerhard Merz und Günter Förg auf das von Ungers seit den 1980er Jahren favorisierte Quadrat. Markus Lüpertz, Martin Kippenberger, Albert Oehlen, Rosemarie Trockel und Werner Büttner überraschen mit eher untypischen Arbeiten, die jedoch offensichtlich wegen ihres Architekturbezugs ausgewählt wurden. Die Skulpturen von Bruce Nauman, Richard Long, Donald Judd, Carl Andre oder Sol LeWitt stehen in ihrer minimalistischen Beschränkung auf die geometrischen Grundformen im Kontext von Ungers' Überlegungen zur reinen, entmaterialisierten Architektur.[6] Zudem setzen die großformatigen Skulpturen durch ihre Platzierung im Innenhof die Sammlung in eine direkte Beziehung zur umgebenden Architektur.

Die Sammlung Ungers lässt sich als ein Fundus visueller Ideen und Anregungen, als eine Erweiterung des Gedankenfeldes Architektur in die anderen Künste beschreiben, immer ausgehend von der Architektur. Ungers ist ein leidenschaftlicher Sammler nicht nur von bildender Kunst, sondern auch von Büchern und Architekturmodellen. Aber er ist es nicht allein: Seit der ersten Erwerbung, die übrigens ein Buch war, entwickelt sich die Kunstsammlung im Dialog mit Lisclotte Ungers. Zu Beginn der gemeinsamen Sammeltätigkeit in den 1950er Jahren waren diese Ankäufe durchaus mit finanziellen Einschränkungen zugunsten der Kunst verbunden.[7] Die Sammlung ist potenziell unabgeschlossen, Ankäufe fanden und finden auf der Basis von spontaner Begeisterung statt, sie erfolgen möglicherweise weniger systematisch als die Ankäufe für die Bibliothek zur Architekturgeschichte und -theorie, aber keineswegs willkürlich. Aufgrund ihrer sehr spezifischen Konzeption kommt Ungers ohne Berater aus; auffallend ist zudem, dass Kunstwerke für einen bestimmten Ort erworben wurden, auch ihre Präsentation ist folglich selten zufällig. Über die Jahre führten Verkäufe, Umstrukturierungen und eine Reduktion bei gleichzeitiger Präzisierung zu der auf die beschriebenen Sammlungsschwerpunkte verdichteten Kollektion, die in ihren scheinbar extremen Gegensätzen das Interesse des Architekten Ungers an den Schwesterkünsten der Architektur, Malerei, Zeichnung und Skulptur bis hin zur Fotografie, widerspiegelt. Die Kunstsammlung dient nicht der Repräsentation nach außen, sondern sie ist, wie die Bibliothek, Teil eines Arbeitsplatzes. Ästhetisches Vergnügen und intellektuelle Neugier halten sich in einer Sammlungskonzeption die Waage, welche den Kunstbesitz zum Teil eines persönlichen Wissenskosmos macht.

Markus Lüpertz, *Dachpfanne*, 1967

8 Zit. n. Ungers 1998
(wie Anm. 6), S. 10.

9 Stabenow 2000
(wie Anm. 1), S. 201.

Oswald Mathias Ungers hat sich, mit Ausnahme seiner Einleitung zu dem Katalog *Zwischenräume,* nicht direkt programmatisch zu seiner Beziehung zur bildenden Kunst oder zur Konzeption seiner Kunst-sammlung geäußert, jedoch finden sich dort ebenso wie in seinen »Aphorismen zur Architektur« Formulierungen, die sich auf die Vor-lieben des Sammlers und den Aufbau der Sammlung übertragen lassen: »[…] die Harmonie der römischen Antike, die komplizierte Geome-trie der Romantik, die klassischen Proportionen der Renaissance, die Rationalität der Revolutionsarchitektur und die kühle Metaphysik der neuen Sachlichkeit sind meinem Verständnis von Architektur näher als die entmaterialisierte Transzendenz der Gotik, die formalen Aus-schweifungen des Barocks, die Verschlungenheit orientalischer Orna-mentik oder die Wildheit spontaner Bauformen. In meinem Denken fühle ich mich den geistigen Einflüssen, Regeln und Formgesetzen von Denkern wie Hadrian, […] Scamozzi, Boullée, Schinkel, Mies van der Rohe […] mehr verwandt als den Extravaganzen barocker Baumeis-ter oder den Expressionisten.« Derselbe Abschnitt beschreibt Ungers' grundlegendes Erkenntnisinteresse, das sich von der Architektur eben-falls auf die bildenden Künste und hier speziell auf seinen Blick auf die zeitgenössische Kunst übertragen lässt: »Ich suche nicht nach ir-gendeinem formalen Inhalt, sondern konzentriere mich ganz entschie-den auf eine elementare Formensprache. Die Klarheit, Eindeutigkeit und Askese geometrischer Grundformen, die starke Präsenz einfacher Körper und Volumen, die eindeutige Begrenzung der Räumlichkeit […].«[8] Der Enthusiasmus des Sammlers erschöpft sich jedoch nicht in der Aufzählung der eigenen theoretischen Prämissen. Der offensicht-liche Genuss am »Dialog […] in den Zwischenräumen zwischen Kunst und Architektur« und an dem von ihm als »Palimpsest« gedachten Gewebe, das sich »in Vergleichen, in Analogien, im Verbinden und Überlagern« bildet, zeigt sich in überraschenden Gegenüberstellungen ebenso wie in Erwerbungen außerhalb des als typisch erachteten Ar-beitsfeldes oder Motivrepertoires mancher Künstler. Es geht folglich nicht nur darum, wie Jörg Stabenow meint, mit der Kunstsammlung »Vorlieben und Wahlverwandtschaften zu dokumentieren, die eigene Position in einen historischen und zeitgenössischen Kontext einzubet-ten«,[9] sondern die theoretischen Grundlagen der eigenen Architektur auf anderen Gebieten, etwa der bildenden Kunst, zu verfolgen und weiterzudenken. Die Kunstsammlung wäre damit ein visuelles Archiv, mit dessen Hilfe sich der Architekt der Grundlagen seiner Arbeit, his-torisch wie formal, versichert.

Nun ist Oswald Mathias Ungers ein Architekt, dessen Beschäftigung mit der bildenden Kunst sich bereits seit Jahrzehnten auch in seinen Bauten manifestiert. In der planerischen Gestaltung von Projekten wie der Ba-dischen Landesbibliothek in Karlsruhe, dem Umbau der Hypo-Bank in Düsseldorf oder dem Neubau der Residenz des deutschen Botschafters in Washington, D. C., wird ein integratives Konzept sichtbar, das dem jeweiligen Kunstwerk einen festen Platz in der Gesamtkonzeption zu-weist. »Es gibt sie nicht, die ›Kunst am Bau‹-Theorie«, schreibt Ungers, »es gibt aber statt dessen den Dialog zwischen Kunst und Architektur,

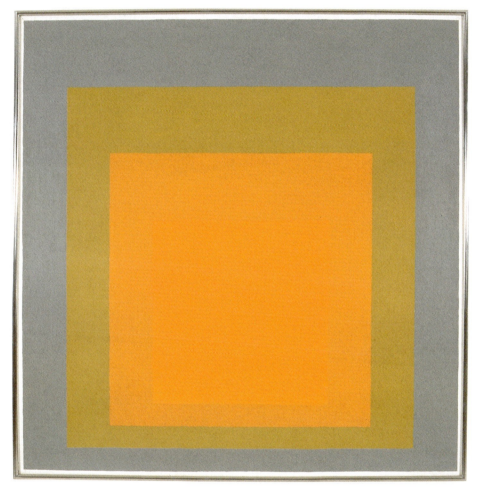

Josef Albers, *Homage to the Square: Waiting*, 1962

Sol LeWitt, *Ohne Titel*, 1984; Gerhard Merz, *Trieste*, o. J.

10 Zit. n. Düsseldorf 1999
(wie Anm. 1), S. 7. Der Katalog bildet
neben den ausgewählten Werken aus der
Sammlung Ungers zahlreiche Koopera-
tionen zwischen dem Architekten und
bildenden Künstlern ab.

11 Vgl. Martin Kieren, *Oswald Mathias
Ungers*, Zürich u. a. 1994, S. 186,
Abb. S. 187.

12 Vgl. Sophia Ungers, »Kunst«, in:
*O. M. Ungers, Deutsche Botschaft Wa-
shington. Neubau der Residenz*, Stuttgart
1995, S. 42–44.

13 Vgl. Werner Strodthoff, »Zum Neubau
des Wallraf-Richartz-Museums am
Gürzenich«, in: *Wallraf-Richartz-Museum.
Der Neubau. Architektur Oswald Mathias
Ungers*, Köln 2001, S. 22, Abb. S. 15;
vgl. auch Düsseldorf 1999 (wie Anm. 1),
Abb. S. 9 (Köln), S. 31 (Hamburg).

14 Vgl. Kieren 1994 (wie Anm. 11),
S. 198, Abb. S. 199.

15 Ebd., S. 200.

16 Vgl. Stabenow 2000 (wie Anm. 1),
S. 198, 201, der einen alternativen Titel
und eine spätere Datierung nennt:
Revolutionary Heads (1990).

die Entsprechungen und analogen Bezüge«.[10] Anschaulich wird diese Dialogsituation etwa in den Entwürfen für die Hypo-Bank, welche die künstlerischen Eingriffe von Sol LeWitt und Gerhard Richter bereits in den Grundrissen und Isometrien des geplanten Gebäudes zeigen.[11] Im Neubau der Botschaftsresidenz in Washington wurde dieser Dialog weiter intensiviert. Für die Repräsentationsräume wurde bereits im Entwurfsprozess ein Kunstkonzept entwickelt, das den Künstlern Markus Lüpertz, Gerhard Merz, Rosemarie Trockel, Christa Näher und Simon Ungers nach klar definierten Vorgaben die Möglichkeit einer integrierten, nicht nachträglich dekorativen Gestaltung gab.[12] Diejenigen Künstler, mit denen Ungers seit seiner Rückkehr aus den Vereinigten Staaten in den 1980er Jahren zusammengearbeitet hat, sind auch in seiner Kunstsammlung vertreten. Schließlich ist Ungers mehrfach als Museumsarchitekt hervorgetreten, wobei sich die nachdrücklichste Verbindung der Arbeit des Architekten und des bildenden Künstlers an der Fassade des Wallraf-Richartz-Museums in Köln ablesen lässt: Hier schreibt Ian Hamilton Finlay, mit dem Ungers auch bei der Gestaltung des Außenraums der Galerie der Gegenwart der Hamburger Kunsthalle zusammenarbeitete, der Fassade buchstäblich die Namen der bedeutenden historischen Maler und Architekten ein; die Trennung zwischen Architektur und bildender Kunst wird aufgehoben.[13] 1986, im ersten Jahr seiner Lehrtätigkeit an der Kunstakademie in Düsseldorf, entwirft Ungers ein Galerie- und Wohnhaus in Köln, damals Sitz der Galerie Max Hetzler, parallel zu seinem Bibliothekskubus in der Belvederestraße entsteht 1989/90 in Königswinter eine Villa für ein Sammlerehepaar.[14] Die vielfältigen, auch familiären Verbindungen zur Kunst gerade der 1980er Jahre im Rheinland finden sich in der Sammlung wieder; Akademiekollegen wie Lüpertz, Merz und Richter sind darin vertreten und gehören zum persönlichen Umfeld des Architekten.

Die Sammlung Ungers ist keine Kunstsammlung fürs Depot. Ihr dezidiert auf den professionellen Kosmos des Sammlers abgestimmter Charakter macht die tatsächliche Präsenz der Kunstwerke zu einer Notwendigkeit, und die Sammlung ist fast vollständig in den Räumen des ehemaligen Ungers'schen Wohnhauses von 1958/59 sowie im 1990 fertig gestellten Bibliothekskubus und im Innenhof des Gebäudekomplexes untergebracht. Dass auch die Präsentation der Kunstsammlung dem oben zitierten Prinzip des Palimpsests folgt, erschließt sich zuerst in der Bibliothek, deren Büchersammlung den zweigeschossigen Innenraum mit Galerie als gliederndes Würfelskelett umstellt.[15] Durch ihren weißen Gipston optisch ein Teil dieses »Hauses im Haus«, wie Ungers es ganz ähnlich im Architekturmuseum in Frankfurt am Main verwirklicht hat, stehen acht identische Apollo-Köpfe von Ian Hamilton Finlay auf ebenfalls weiß gestrichenen Sockeln über der Balustrade. Der Titel der Arbeit, *The Twelve Who Ruled* (1989), verweist auf Robespierre und die mit ihm geköpften Jakobiner[16] und darüber hinaus auf die von Ungers geschätzte französische Revolutionsarchitektur. Diese ist in der Sammlung mit Boullées Studie einer *Römischen Tempelfassade* vertreten. Gerhard Merz' Arbeit mit dem Titel *Eupalinos* wiederum erscheint als subtiles Doppelporträt von Künstler und Auftraggeber. Der Titel

Donald Judd,
Half Solid Tube Piece, 1990

Haus Belvederestraße, Blick in den Innenhof mit *Square*, 1977/1988, von Bruce Nauman und *Basalt Circle*, 1999, von Richard Long

Dan Flavin, *Untitled*, 1990

[17] Zit. n. Köln 1999 (wie Anm. 1), S. 24.

[18] Vgl. Kieren 1994 (wie Anm. 11), S. 232 f. Ungers besitzt drei Entwurfszeichnungen Schinkels für das Schauspielhaus zu Berlin, datiert 1818–1821.

[19] Vgl. Stabenow 2000 (wie Anm. 1), S. 199.

verweist auf Paul Valérys gleichnamigen Text, in dem Phaidros sagt: »Ich war befreundet mit dem, der diesen Tempel gebaut hat«.[17]

Eine weitere Gruppe von Kunstwerken im Umgang vor der Bibliothek entwickelt die im Innern der Bibliothek veranschaulichten Ideen assoziativ weiter und thematisiert die enge Verknüpfung von Antike und Moderne, von Architektur und bildender Kunst und nicht zuletzt den Standort des Architekten selbst: Eine Porträtbüste von Karl Friedrich Schinkel scheint vor einer Detailaufnahme von Ungers' Kuppel des Lesesaals der Badischen Landesbibliothek zu schweben, während die Leuchtstoffröhrenarbeit *Untitled* von Dan Flavin in ihrer Komposition aus einer Horizontalen mit drei Vertikalen das architektonische Prinzip von Tragen und Lasten im Sinne der Minimal Art interpretiert. Zugleich aktualisiert das Wandobjekt die in der Sammlung zahlreich vertretenen Darstellungen vom Tempel des Castor und des Pollux auf dem Forum Romanum mit seinen charakteristischen drei Säulen. Folgt man dem Umgang in Richtung Altbau, evozieren großformatige Stadtpläne die Bauten des antiken Rom und damit die Antikenrezeption in bildender Kunst, Architektur und Architekturtheorie, die ein zentrales Thema der Ungers'schen Sammlungen ist.

Eine weitere Hommage an Schinkel ist das 1822 datierte Gemälde von Carl Georg Adolph Hasenpflug. Es zeigt einen Blick auf den Gendarmenmarkt, und zwar in jener nie gebauten Form mit erweiterten Fassaden für die flankierenden Kirchenbauten des Deutschen und des Französischen Doms, wie sie Karl Friedrich Schinkel als Ergänzung zu seinem 1818–1821 realisierten Entwurf des Schauspielhauses vorschwebte. Hasenpflugs Idealvedute dokumentiert Schinkels Planung in einer fast monochrom grau gehaltenen Palette und in panoramaartiger Weite des Blickes. Von Hasenpflug lässt sich assoziativ der Bogen zu Ungers' Bebauung der Friedrichstadtpassagen in der Friedrichstraße spannen, in direkter Nachbarschaft zum Gendarmenmarkt gelegen und in der Variation »tradiert-preußischer« Bauprinzipien durchaus als Reverenz an Schinkels Schauspielhaus gedacht.[18]

Bei dem benachbarten, über den peristylartigen Umgang mit dem Neubau verbundenen Altbau handelte es sich um ein zunächst als Wohn- und Bürohaus genutztes Gebäude, mit dem für die späten 1950er Jahre typischen kleinteiligen Zuschnitt. Geringe Raumhöhen und bescheidene Raumgrößen lassen die Kunst, die zunehmend von den Räumen Besitz ergriffen hat, monumentaler wirken, als sie tatsächlich ist. Anders auch als im Bibliothekskubus, dessen sparsame Ausstattung mit Kunstwerken integrativer Bestandteil der Raumausstattung ist, gelangten die Kunstwerke im Altbau nacheinander in nicht exklusiv für Kunst vorgesehene Räume. Adaptionen wurden notwendig: Nach der Errichtung des Wohnhauses am Kämpchensweg, nur wenige Gehminuten entfernt, erfolgte die Umgestaltung der Innenräume des Altbaus, denen mit einer einheitlichen weißen Wandfassung der Charakter von Galerieräumen gegeben wurde.[19]

Ein wenig fühlt man sich hier an Schinkel erinnert, der anlässlich eines Besuchs im Museum des englischen Architekten John Soane am 11. Juni 1826 notierte: »Dies Haus ist wie alle Londoner Privathäuser klein, in demselben ist aber auf abenteuerlichste Weise eine große Masse von Abgüssen, Bruchstücken antiker Statuen, Architekturstücke, Vasen […] in engen, von oben und seitwärts beleuchteten Räumen […] aufgestellt. Mittelalter, Antike und Modernes durcheinander in der Höhe und Tiefe, auf Höfen […] und in kapellenartigen Räumen, in Katakomben und Salons […].«[20] Wenngleich die Sammlung Ungers weniger klaustrophobisch anmutet und ohne den Vergleich der beiden Architekten-Sammlungen zu weit treiben zu wollen, betritt man hier wie dort mit dem Haus des Architekten auch ein Denkgebäude, das alle Gegenstände der Kunst oder der Archäologie seinen Vorstellungen unterwirft und sie in einem assoziativen System einer zunächst konventionellen, durch Ein- und Umbauten sich verändernden Lebens- und Arbeitsumgebung einordnet. Die Hängung der Kunstwerke und die Aufstellung der Architekturmodelle im Haus Ungers eröffnet eine Vielzahl von assoziativen, formalen und thematischen Bezügen zwischen den einzelnen Exponaten. Es gibt keine erkennbare Hierarchie, die alten Meister hängen Rahmen an Rahmen, die zeitgenössischen Werke trotz der zum Teil großen Formate ebenfalls mit wenig Abstand, die Hängung ist zum Teil den räumlichen Gegebenheiten geschuldet. Im Besprechungszimmer im ersten Stock nimmt ein Sekretär von Fornasetti aus den 1980er Jahren das in diesem Raum dominante Antikenthema auf, erscheint aber auch wie ein spielerischer Kommentar zu Ungers' eigenen Möbelentwürfen, indem er der Morphologie geometrischer Grundformen die antikisierende Dekoration eines konventionellen Möbelstücks gegenüberstellt.

Der Innenhof ist der einzige auf dem Grundstück nach dem Bau des Bibliothekskubus verbliebene Freiraum, er dient als Skulpturengarten. An der Umfassungsmauer fällt die polierte Stele von Gerhard Merz mit dem Titel *Ed Io Anche Son Architetto* von 1988 auf, die wie die Werke in der Bibliothek den Architektenberuf thematisiert – so könnte man die Kunstsammlung insgesamt als ein intellektuelles und visuelles Selbstporträt des Architekten begreifen, spielen doch einzelne Werke immer wieder die Rolle des Porträts. Das Zentrum beherrschen zwei Bodenarbeiten von Bruce Nauman und Richard Serra. Ihre Formen, Quadrat und Kreis, wiederholen sich vollplastisch in dem von Oswald Mathias Ungers entworfenen und von Hubert Becker ausgeführten Skulpturenpaar *Kugel und Kubus*. Eine weitere Anspielung auf Ungers selbst ergibt sich über den grauen Eifelbasalt, aus dem Long seinen Kreis geformt hat und der die Außenhaut des Bibliothekskubus wiederholt, ein Hinweis auf die Herkunft des Architekten. Nun könnte man einen solchen Verweis für ein bloßes Kompliment oder gar für Sentimentalität halten, gäbe es nicht in der Eifel ein weiteres Haus Ungers, das Haus Glashütte.[21] Dort setzt sich der in Köln nur angedeutete Dialog von Kunst und Natur in den Anlagen des Ungers'schen Landhauses fort. Hier entstanden in Zusammenarbeit mit dem Landschaftsarchitekten Bernhard Korte ein *Naturquadrat* und ein *Baumhaus mit Säule*. Das Anwesen wäre die ideale Bühne für einen weitläufigen Skulpturenpark, den er im Kölner Innenhof zumindest en miniature, zur Kontemplation in der städtischen Umgebung, umgesetzt hat. Für den Hof wie

[20] Karl Friedrich Schinkel, *Reise nach England, Schottland und Paris im Jahre 1826*, München 1986, S. 172. Zu John Soane vgl. Gillian Darley, *John Soane. An Accidental Romantic*, New Haven und London 1999, zu Soane als Kunstsammler bes. *Soane: Connoisseur and Collector. A Selection of Drawings from Sir John Soane's Collection*, Ausst.-Kat. Sir John Soane's Museum, London 1995.

[21] Vgl. Kieren 1994 (wie Anm. 11), S. 166 f.; Düsseldorf 1999 (wie Anm. 1), Abb. S. 40, 41.

Lancelot Théodore Turpin de Crissé,
Die Akropolis von Athen, 1804

22 Zit. n. Köln 1999 (wie Anm. 1), S. 849.

für die Innenräume, in denen die anderen Sammlungsteile präsentiert werden, gilt in ihrem vielschichtigen Bezugssystem zwischen einzelnen Kunstwerken und Kunst und Architektur, dass es sich hier auf allen Ebenen um ein »Wechselspiel zwischen Rationalität und Phantasie« (Ungers) handelt. Ungers scheint die Verwandlungen, Verdichtungen und Neuinszenierungen seiner Sammlung zu beschreiben, wenn er über den kreativen Prozess spricht, »der auf eine allmähliche Vervollkommnung der Ideen, Konzepte, Räume, Elemente und Formen zielt. Er beinhaltet den Prozeß der Abstraktion, damit das Objekt in seiner grundlegenden Struktur, das Konzept in seiner klarsten Geometrie und das Thema in seiner eindrucksvollsten Gestalt erscheinen«.[22] Die Sammlung Ungers ist somit Studiensammlung wie intellektuelles Porträt des Sammlers selbst.

Candida Höfer, O. M. Ungers'
Arbeitstisch in seinem Studiolo

Ungers und seine Bücher

Die Bibliothek als Sammlung der Ideen

Jasper Cepl

[1] Die Sammlung wurde in einer Ausstellung des Kölnischen Kunstvereins gezeigt: *38 Sammlungen in Köln* (23. Januar – 22. Februar 1981). Als Katalog wurde ein Kasten mit 38 illustrierten Faltblättern herausgegeben. Das Faltblatt zur Sammlung von Liselotte und Oswald Mathias Ungers trägt den Titel »Säulen« und den Zusatz »Die Sammlung besteht aus 10 Säulen und wurde 1970 begonnen«.

[2] Vgl. dazu im Detail Jasper Cepl, *Oswald Mathias Ungers. Eine intellektuelle Biographie* (*Kunstwissenschaftliche Bibliothek*, hrsg. von Christian Posthofen, Bd. 33), Köln 2006 (im Druck).

[3] Oswald Mathias Ungers und Udo Kultermann, *Die gläserne Kette. Visionäre Architekturen aus dem Kreis um Bruno Taut 1919–1920*, Aussl.-Kat. Museum Leverkusen, Schloss Morsbroich; Akademie der Künste, Berlin [1963].

[4] Oswald Mathias Ungers, *Die Erscheinungsformen des Expressionismus in der Architektur*, Privatdruck 1964. Dokumentiert ist der Kongress (18.–23. Mai 1964) in der Zeitschrift *Marcatré. Notiziario di cultura contemporanea*, 8–10, Juli–September 1964, dort auch eine Kurzfassung von Ungers' Beitrag auf Italienisch.

Oswald Mathias Ungers sammelt vieles – Säulen zum Beispiel[1] –, doch aus all seinen Sammlungen ragen zwei heraus: zum einen die der Bücher – sie ist wohl die erste und umfangreichste –, zum anderen die der Häuser, die Ungers sich im Laufe der Jahre gebaut hat – diese ist die kleinste und zugleich die exklusivste seiner Sammlungen. Überdies sind beide Sammlungen aufs Engste miteinander verknüpft: Ungers' Häuser sind Meilensteine einer fortwährenden Auseinandersetzung mit Büchern und Ideen.

Ungers' Bibliothek zeugt nicht nur von seiner Sammelleidenschaft, sondern auch von seinem Wissensdurst. Von all seinen Sammlungen hat die der Bücher wohl stets die intensivste Bewirtschaftung erfahren: Sie dient nicht nur zur Freude und Erbauung, sie steht auch für ein rigoroses Programm der Selbstbildung, für die Bereitschaft zu lebenslangem Lernen. Seinem Freund Reinhard Gieselmann offenbart Ungers in den 1950er Jahren, er werde fortan keine Romane mehr lesen. Unermüdlich widmet Ungers sich seinen Studien; er setzt alles daran, sich über seine Arbeit als Architekt Klarheit zu verschaffen.

Seine Interessen und Sammlungsschwerpunkte wechseln. Um 1960 sammelt er Dokumente der frühen Moderne aus der Zeit nach dem Ersten Weltkrieg. Vor allem die expressionistischen Tendenzen beschäftigen ihn sehr – nicht zuletzt weil ihm Kritiker wie Nikolaus Pevsner damals vorwerfen, seine Architektur sei ein neoexpressionistischer Rückfall in die 1920er Jahre.[2] Durch diese Recherchen wird er selbst zum Büchermacher: Ungers debütiert 1963 mit einem Ausstellungskatalog über die »Gläserne Kette«, deren Briefwechsel er mit viel Engagement zusammengetragen hatte.[3] Doch sein Interesse lässt schnell nach. Wie missbilligend er diesen Tendenzen bald gegenübersteht, zeigt ein Vortrag über die »Erscheinungsformen des Expressionismus in der Architektur«, den Ungers im Mai 1964 auf einer großen Expressionismus-Konferenz in Florenz hält.[4] Ungers' Paper bezeugt seine detaillierten Kenntnisse der Quellen, die er in einer umfangreichen Dokumentation wiedergibt. Mit der zeitgenössischen Rezeption und der Forschungslage ist er ebenfalls vertraut. Nachdem er all dies sorgfältig geprüft hat, kommt er zu dem Schluss, dass die Architekturvisionen des Expressionismus eine für ihn unannehmbare Abwendung von den Bindungen der Realität und damit von den Problemen der Form

Vom Lesen und Schreiben

bedeuten. Doch seine eigenen Interessen hat er durch diese Studien besser kennen gelernt.

Er überlässt seine Materialien schließlich Giovanni Klaus Koenig, der sich Ungers' Vorarbeiten zunutze macht und auf dessen Sammlung zurückgreift, als er – gemeinsam mit Franco Borsi – eines der ersten Bücher über die Architektur des Expressionismus verfasst. Die Autoren bekennen darin, dass sie das Buch gar nicht hätten schreiben können, wenn Ungers ihnen nicht seine Bibliothek zur Verfügung gestellt hätte.[5] Ihre Danksagung belegt, welch effektives Instrument seine Sammlung damals in Forscherhänden war.

Ungers wendet sich währenddem neuen Zielen zu. Er findet zu Theoretikern, die ihm helfen, seine Formfragen zu klären: Bei Hermann Sörgel findet er die Idee vom »Janusgesicht der Architektur«, von der Verschränkung von Körper und Raum, von Haus und Stadt. Ungers hat einmal erklärt, dass für ihn die Realität »den Charakter einer Abhandlung«[6] angenommen habe, nachdem er Sörgels *Architektur-Ästhetik* gelesen hatte – bereits die Formulierung illustriert Ungers' Art und Weise, die Welt mit Ideen aufzuladen und neu zu sehen. Neben Sörgel sind weitere Autoren zu nennen, etwa Paul Klopfer mit seiner Unterscheidung von Tektonik und Stereotomie[7] oder Leo Adler, der ihm mit seiner Abhandlung *Vom Wesen der Baukunst* auf seinem Weg in die Morphologie die Richtung weist.[8] Diese architekturtheoretischen Grundlagenwerke sind weniger spektakulär als die Visionen des Expressionismus, doch erweisen sie sich als tragfähige Grundlage für seine Suche nach dem Verständnis architektonischer Formprobleme.

Bald darauf, während der 1960er Jahre, mit der Hinwendung zur Zukunftsaufgabe »Bauen für die große Zahl«, findet Ungers zudem Interesse am russischen Konstruktivismus, der damals als Vorbild für die neuen regionalplanerischen Aufgaben galt. Dass er auch dazu eine umfassende Sammlung an Avantgarde-Publikationen zusammenträgt, zeigt, wie viel ihm daran liegt, die Originale zu besitzen und um sich zu haben – denn lesen kann er diese Bücher und Zeitschriften ja nicht.

Und so erwirbt er auch früh wertvolle Architekturtraktate, als solche Altertümer noch wenig begehrt sind. Den Grundstock für seine Bibliothek ersteigert er in den 1960er Jahren in Amsterdam bei Menno Hertzberger, der ihn daraufhin zum Essen einlädt, weil er erleichtert ist, dass er die Bücher losgeworden ist. Weil sich sonst niemand dafür interessierte, hatte Ungers fast alles gekauft, was angeboten wurde – darunter Kostbarkeiten wie Cesare Cesarianos Vitruv-Ausgabe von 1521.

Ungers widmet sich so über die Jahre dem Aufbau einer enzyklopädisch angelegten Architektur-Bibliothek, wie sie wohl kaum ein Privatmann sein Eigen nennen kann. Besonders die Sammlung der Renaissance-Traktate sucht ihresgleichen. Doch Ungers trägt diese Bücher nicht nur zusammen, er beschäftigt sich auch intensiv mit ihnen: 1994 verfasst er einen Essay über die Bedeutung von Maß, Zahl und Proportion in der Renaissance.[9] Einmal mehr erweisen sich seine Studien als wegweisend für seinen weiteren Kurs. Als er im selben Jahr nach den Perspektiven der eigenen Arbeit gefragt wird, erklärt Ungers die Fortführung und Vollendung des damals Begonnenen zum Programm: »Was wir

[5] Vgl. dazu Franco Borsi und Giovanni Klaus Koenig, »Prefazione«, in: dies., *Architettura dell'espressionismo*, Genua und Paris 1967, S. 7–10, hier S. 10.

[6] »Es war wie ein Schock. Nachdem ich Sörgel gelesen hatte, sah ich nur noch Körper und Räume, mehr noch, die Realität nahm den Charakter einer Abhandlung an. Die Gegenstände, beispielsweise auf dem Tisch, traten in ihrer Körperlichkeit, die Beziehungen zwischen ihnen in ihrer Räumlichkeit hervor. Ich begann dann die Dinge in einer ganz bestimmten Sichtweise, in einer ganz bestimmten Denkweise anzuschauen und auch zu formulieren.« Oswald Mathias Ungers im Gespräch mit Nikolaus Kuhnert, »Vielfalt, die nicht auf Einheit gründet, ist Verneinung. Einheit, die nicht auf Mannigfaltigkeit beruht, ist Tyrannei« (Blaise Pascal)«, in: *Archplus*, 85, Juni 1986, S. 32–39, hier S. 33.

[7] Vgl. dazu Paul Klopfer, *Das Wesen der Baukunst. Einführung in das Verstehen der Baukunst, Grundsätze und Anwendungen*, Leipzig 1919, und andere Schriften Klopfers.

[8] Leo Adler, *Vom Wesen der Baukunst. Die Baukunst als Ereignis und Erscheinung. Versuch einer Grundlegung der Architekturwissenschaft*, Leipzig 1926.

[9] Vgl. Oswald Mathias Ungers, »›Ordo, fondo et mensura‹. The Criteria of Architecture«, in: *The Renaissance from Brunelleschi to Michelangelo. The Representation of Architecture*, hrsg. von Henry A. Millon und Vittorio Magnago Lampugnani, London 1994, S. 307–317. (Eine italienische Ausgabe des Katalogs erschien in Mailand, eine französische in Paris.)

Haus Belvederestraße, Wohnzimmer, um 1959

zum Problem von Maß, Zahl und Proportion und der Anwendung von Modulen noch beitragen können, ist, sie in ihrer Reinheit und in einem Abstraktionsgrad zu zeigen, wie sie bisher nicht angewandt worden sind.«[10]

Immer wieder gibt ihm die Lektüre Ansporn, die eigene Arbeit voranzutreiben. Doch darüber hinaus wirken die Bücher schon durch ihre Gegenwart. Wenn Ungers 1996 betont, dass es sich bei den Büchern, mit denen er sich umgibt, um »Erstausgaben«, um die »Inkunabeln der Architekturtheorie«[11] handelt, wird deutlich, wie sehr ihm auch an der Aura, die von diesen Werken ausgeht, gelegen ist. Ihre Anwesenheit schafft eine Atmosphäre, die sowohl anregt als auch fordert.

Räume für Bücher und Leser

Anfangs gab es keine Bibliothek im Hause Ungers. Die Bücher standen in einer Ecke des Wohnzimmers. Pläne und zeitgenössische Fotos zeigen einen Schreibtisch mit einem Regal dahinter. Für mehr war weder Platz noch Bedarf; schließlich wuchs die Sammlung erst allmählich, vor allem während seiner Jahre als Hochschullehrer in Berlin und Cornell. Einen eigenen Raum bekamen die Bücher erst nach Ungers' Rückkehr aus den USA, als die beiden Einliegerwohnungen im Haus aufgelöst wurden. Die beiden Zimmer der oberen Wohnung wurden zum Bibliotheksraum zusammengefasst, die untere wurde zum Atelier.

Später baut Ungers sich eine eigene Bibliothek (1989/90). Das Haus verwandelt sich in eine von Mauern umgebene kleine Stadt in der Stadt, gewissermaßen in eine kleine Villa Hadriana. Auf dieses Vorbild hat sich Ungers immer wieder bezogen. Für ihn ist Hadrians Bibliothek (gemeint ist das Teatro Marittimo[12]) die geistige Mitte der weit ausgedehnten Anlage: »Der zentralste Ort der Villa ist die Bibliothek, Hadrians Rückzugsort, der mit dem ›Wissen der Antike‹ angefüllt war.«[13] Einen solchen privaten »Rückzugsort« und Wissensspeicher errichtet sich auch Ungers. Auch in seiner Anlage ist die Bibliothek der Pol der Konzentration und der geistigen Ordnung.

Ungers versteht sie als »Antithese«[14] zum expressiven Frühwerk. Die morphologische Transformation von Körper und Raum ist das Thema beider Entwürfe. Doch der Altbau ist davon durch und durch aufgewühlt: Das Aufeinandertreffen und die Überhöhung vor Ort gefundener Formen finden dramatischen Ausdruck. Die Form der Bibliothek dagegen verdichtet sich in Schichten bis zu einem ideal geformten Inneren, das von der Welt entrückt scheint.

Ungers hebt die Kontinuität in seiner Arbeit hervor. Er betont, dass Wohnhaus und Bibliothek erst zusammen die »gesamte Einheit« ergäben, und erläutert: »Darin liegt eben der humanistische oder auch enzyklopädische Ansatz, der keine Ausschliesslichkeit, keine Exklusivität anstrebt. Die Gegensätze bedingen sich vielmehr gegenseitig. In der ganzen Spanne liegt erst das Eigentliche. Das will ich zeigen.«[15] Was die Entwürfe unterscheidet, ist eine konzeptuelle Klärung, die er nicht nur wachsender Erfahrung, sondern auch dem eigenen kontinuierlichen Studium verdankt. Ungers spricht von einer »kontemplativen Art der Begeisterung, die aus der Konzentration kommt, aus der Kontrolle, aus dem Bewusstsein, die erst die Phantasie anregt, im Gegensatz zum freien Lauf der Phantasie von Anfang an«. Er hält fest: »Gedanklich

[10] Oswald Mathias Ungers im Gespräch mit Andreas Denk, »Die Ratio muß die Phantasie kontrollieren«, in: *Der Architekt,* 12, Dezember 1994, S. 697–700, hier S. 698.

[11] Oswald Mathias Ungers, *Aphorismen zum Häuserbauen,* Braunschweig u. a. 1999, S. 21. Der Text erschien zuerst in italienischer und englischer Übersetzung unter dem Titel: »Aforismi sul costruire case/Aphorisms on Building Houses«, in: *Lotus International,* 90, 1996, S. 6–17.

[12] Zur Bibliotheksnutzung des Teatro Marittimo vgl. Heinz Kähler, *Hadrian und seine Villa bei Tivoli,* Berlin 1950, S. 51.

[13] Oswald Mathias Ungers, »The Architecture of Collective Memory«, in: Oswald Mathias Ungers, Hans Kollhoff und Arthur Ovaska, *The Urban Garden. Student Projects for the Südliche Friedrichstadt Berlin,* Köln 1979, o. S. Der Essay erschien auch auf Italienisch und Englisch unter dem Titel: »L'architettura della memoria collettiva. L'infinito catalogo delle forme urbane/Architecture of the Collective Memory. The Infinite Catalogue of Urban Forms«, in: *Lotus International,* 24, 1979, S. 4–11, Zitat S. 7, dort heißt es allerdings, weniger kraftvoll, nur »the central place«.

[14] Oswald Mathias Ungers im Gespräch mit Klaus-Dieter Weiss, »Zwischen Ordnung und Konflikt«, in: *Werk, Bauen + Wohnen,* 76 (43, 9), September 1989, S. 4–11, hier S. 4.

[15] Ebd., S. 4 f.

O. M. und Liselotte Ungers in ihrer Bibliothek im Haus Belvederestraße, 1985

ist das dreissig Jahre alte Haus so frisch wie damals, nur, ich kann jetzt besser beschreiben, was ich meine.«[16]

Ungers hat damit einen Ort für seine Büchersammlung geschaffen, er sieht darin zugleich den Versuch, die Grundideen der Architektur zu versammeln. Wiederholt hat er die These vertreten, die Architektur lasse sich letztlich auf zwei Grundprinzipien zurückführen: das additive, tektonische Prinzip und das subtraktive, stereotome Prinzip.[17] Parthenon und Pantheon sind für ihn Inbegriff und ideale Verwirklichung dieser Ideen. In seiner Bibliothek überlagert Ungers diese Prinzipien. Er setzt ein »Idealgerüst«[18] in das Innere eines geschlossenen Kubus, der nach außen monolithisch aus Basaltlava gefügt scheint – einschließlich der Dachaufsicht. Die Bücherregale auf der Innenseite des Kubus sind, so gesehen, auch als Aushöhlung der Wand lesbar. Ihre Funktion – Bücher aufzunehmen – war offenbar nicht ausschlaggebend für die Form dieser Bücherkassetten, denn diese bieten nur relativ wenig Stellfläche. Zu einem Pantheon wird der Raum auch durch die Einfügung der Büsten von Ian Hamilton Finlay. Die zwölf gleichen Köpfe dieser Serie stehen für französische Revolutionäre, für die zwölf Mitglieder des Comité de salut public um Robespierre.[19] Ungers erschienen diese Köpfe passend für sein Pantheon: »Ich entdeckte sie und dachte, dass sie wunderbar wären in einem Raum, in dem das Grundwissen der Architektur aufbewahrt wird. Normalerweise hat man Philosophen oder Götter in einem solchen Raum. Auch sie passen architektonisch und formal dazu. In diesem Fall aber hat er einen Inhalt, der mit der architektonischen Idee des Pantheon zu tun hat, mit der architektonischen Idee des Kubus, mit dem Licht, das von oben kommt.«[20]

Auch dieser Gedankengang wirft Licht auf sein Formverständnis. Wesentlich für ein Pantheon sind ihm nicht Rotunde und Kuppel, sondern, viel abstrakter gedacht, der gleichmäßig in alle drei Dimensionen ausgedehnte Raum, die Geschlossenheit nach den Seiten und das von oben einfallende Licht.[21] Ein solchermaßen auf sich selbst bezogener, dem Ort entbundener Innenraum steht nur noch mit dem Himmel, mit dem Kosmos in Verbindung. Auf diese Raumidee des Pantheon bezieht sich Ungers, nicht auf dessen konkrete Form.

Eine andere Interpretation des Pantheonraums gibt Ungers mit dem Lesesaal in der Badischen Landesbibliothek in Karlsruhe. Dort ist die Bezugnahme offenkundiger – und wirkt ungleich härter: Eine Kuppel, die wie die des Pantheon kassettiert ist, erhebt sich unvermittelt, ohne irgendeine Übergangsform, über einem würfelförmigen Raum, dessen flache Decke dazu rund ausgeschnitten ist. Der Eindruck des Untektonischen wird dadurch verstärkt, dass die Kuppel an keinem Punkt auf den Wänden aufsitzt und ein Fensterband sie mit einem Lichtkranz umgibt. Dieses gebaute Bild vom Pantheon ist voller Wehmut: Es erscheint in ungreifbare Ferne entrückt.

Für Ungers ist dieser Lesesaal als »Zentrum der Bibliothek und des enzyklopädischen Wissens«[22] von symbolischer Bedeutung. In ihm, so erläutert Ungers den eigenen Entwurf, manifestiere sich »der universelle Geist des menschlichen Denkens und Wissens«.[23] Diesem Gedanken will er mit einem Raum von »zeitlosem Charakter«[24] entsprechen:

[16] Ebd., S. 5.

[17] Besonders prägnant in: Oswald Mathias Ungers, »Ein Prolog für Jürgen Sawade«, in: Jürgen Sawade, *Bauten und Projekte 1970–1995*, hrsg. von Wolfgang Schäche, Berlin 1997, S. 7–10, hier S. 8. Zuletzt in: Oswald Mathias Ungers, »Wir stehen am Anfang/We Are at the Beginning«, in: *Die Revision der Postmoderne/Post-Modernism revisited*, hrsg. von Ingeborg Flagge und Romana Schneider, Ausst.-Kat. Deutsches Architekturmuseum, Frankfurt am Main, Hamburg 2004, S. 108–119, hier S. 112.

[18] Ungers 1999 (wie Anm. 11), S. 16.

[19] Ursprünglich stellte Ungers nur acht der zwölf Köpfe auf. Im Erläuterungsbericht (Oswald Mathias Ungers, *Architektur 1951–1990*, Stuttgart 1991, S. 216) ist auch nur von acht Köpfen die Rede, so als gäbe es nur diese acht. Später wurden die übrigen vier auf der Mittelachse vor den Bücherwänden aufgestellt.

[20] Oswald Mathias Ungers im Gespräch mit Ole Bouman und Roemer van Toorn, »Le Style, c'est l'Homme«, in: *The Invisible in Architecture*, hrsg. von Ole Bouman und Roemer van Toorn, London 1994, S. 52–65, hier S. 62.

[21] Die geplanten und im Rohbau ausgeführten Fenster im Umgang wurden während des Baus zugemauert. Auf die Arbeitsplätze, die in den oberen Fensternischen eingerichtet werden sollten, wurde verzichtet.

[22] Oswald Mathias Ungers, »Der Entwurf für die Badische Landesbibliothek in Karlsruhe«, in: *Buch – Leser – Bibliothek. Festschrift der Badischen Landesbibliothek zum Neubau*, hrsg. von Gerhard Römer, Karlsruhe 1992, S. 63–70, hier S. 68.

[23] Ebd.

[24] Ebd., S. 69

Candida Höfer, Haus Kämpchensweg, Wohnraum und Bibliothek, 1996

Ian Hamilton Finlay, *The Twelve Who Ruled* (Detail), 1989

»Losgelöst von einer spezifischen Form, übersteigert ins Allgemeine, in die allen menschlichen Kulturen gemeinsamen Formen von Quadrat und Kreis, Kubus und Kuppel ist der Raum Zentrum des Wissens, Zentrum des Lesens und Mittelpunkt des Studiums, des Lernens und der Vermittlung von Kenntnissen, Gedanken, Vorstellungen, Wünschen und Träumen.«[25] Im Lesesaal selbst sind keine Bücher aufgestellt. Die Wahl der Lektüre muss getroffen sein, bevor man in ihn eintritt und sich darin zum Studieren niederlässt. Der Akt des Lesens wird so herausgehoben.

Dass Lesen für ihn eine ernste, äußerste Konzentration verlangende Aufgabe ist, bekennt Ungers 1995 in einem Gespräch mit Claudia Rudeck. Er unterscheidet zwei Arten des Lesens und erläutert, für welche davon sein Lesesaal gemacht ist: »Sie können zwei Auffassungen haben: Sie können lesen – was viele Leute tun – als Freizeitbeschäftigung. Sie fläzen sich mit einem Buch in eine Ecke, das scheint ja heutzutage der akzeptierte Begriff zu sein und das Bild vom Lesen überhaupt. Ich muß Ihnen sagen: Wenn ich lese, ist das für mich eine schwere Arbeit, eine Anstrengung. Von wegen in die Ecke hauen, mal so oder so, mich da rumfläzen – das pack' ich nicht. Nun mag es sein, daß ich ein falscher Leser bin. Aber nun lese ich auch keine Schundromane, ich lese auch keine Comic strips. Comic strips in dem Raum zu lesen, den wir gemacht haben, ist ein absoluter Widersinn, das können Sie vergessen. Comic strips lesen Sie in jeder Ecke, wo auch immer. Vielleicht knutschen Sie auch noch zwischendurch, was weiß ich. Nur, bei uns, bei dem, was ich gemacht habe, ist Lesen eine ernsthafte Beschäftigung. Denn Sie gehen mit Wissen um. Für mich sind Bücher Container von Wissen, was ja doch ein unglaublich wertvoller Besitz ist, ein Schatz. Comic strips sind ja kein Wissen, Schundromane, Soap operas, Musicals sind ja kein Wissen – ob das Unterhaltung ist oder ob das Freizeitbeschäftigung ist oder was auch immer, das kann ich nicht beurteilen. Nur was ich meine: In einer Bibliothek wie dieser wird studiert. Und Lesen ist für mich Studieren.«[26]

Bei diesem Verständnis vom Lesen verwundert es nicht, dass Ungers an sein eigenes Studierzimmer ähnliche Ansprüche stellt. Er schafft sich mit seiner Bibliothek einen angemessenen Raum für die geistige Arbeit. Aber dieser Raum ist mehr als ein verkleinerter Lesesaal: Ungers sieht sein Vorbild in einer Raumschöpfung der Renaissance – dem Studiolo. Es ist für ihn mehr als eine Schreibstube: So wie Ungers es begreift, verwirklicht sich darin die Idee, »die Universalität in einem Mikrokosmos zu haben«. Von dieser Vorstellung ist Ungers sichtlich fasziniert; in dem zitierten Interview gerät er regelrecht ins Schwärmen: »Das ist doch etwas Wunderbares. Stellen Sie sich doch mal vor: Sie sitzen in einem kleinen Studiolo, und die gesamte Welt ist da. Die Welt, die Sie kennen; die Welt, die *Ihnen* zugänglich ist; die Welt, die Sie begreifen – nicht alle Welt, sondern die Welt, die Sie begreifen können, ist versammelt in diesem Studiolo. Und da sitzen Sie und studieren, erfassen die Welt und beeinflussen sie mit den Gedanken, die dort geboren, gedacht, studiert oder was auch immer werden. Und für mich ist dieser Bibliotheksraum das Studiolo.«[27] Ungers hat sich seit Beginn der

[25] Ebd.

[26] Oswald Mathias Ungers im Gespräch mit Claudia Rudeck, unbetiteltes Typoskript (41 S.), Archiv Ungers, Köln, S. 13. Eine kurze Zusammenfassung des Gesprächs erschien unter dem Titel: »Poesie nach Plan«, in: *Ambiente*, 4, April 1995, S. 20, 22. Ich danke Claudia Rudeck für ihre freundliche Erlaubnis, aus dem unveröffentlichten Typoskript zu zitieren.

[27] Ebd.

28 Oswald Mathias Ungers im Gespräch mit Vanni Pasca, »La radicalità della geometria/Radical Geometry. Intervista con/Interview with Oswald Mathias Ungers«, in: *Interni Annual. Ufficio 1993/94*, 3, September 1993, S. 18–23, hier S. 19.

29 Ebd.

30 Ebd.

1960er Jahre immer wieder auf Schopenhauer und die Idee der »Welt als Vorstellung« berufen. Nun könnte man sagen: Seine Bibliothek ist ein Ort, wo die Welt wirklich so ist, wie er sie sich vorstellt.

Ungers betrachtet den Besitz eines solchen Raumes, in dem man ganz bei sich selbst sein kann, als Arbeitsvoraussetzung für jeden Kulturschaffenden, ja beinahe als menschliches Grundrecht: »Meiner Ansicht nach sollte jeder ein Studiolo haben. Jeder gebildete Mensch träumt davon, einen kleinen Raum zu haben, in dem er über die Welt nachdenken und daran arbeiten kann, ihren Lauf zu beeinflussen.«[28] Als segensreich empfindet er vor allem die so gewonnene Autarkie, die es ermöglicht, sich aus der Gesellschaft zurückzuziehen: »Wenn man ein Studiolo hat, muss man nicht nach draußen gehen. Es ist ein Raum, in dem Informationen vorhanden sind und von dem aus man Einfluss nehmen kann.«[29] Ungers empfindet den Aufenthalt im Studiolo geradezu als Befreiung, die ein ganz neues Lebensgefühl in ihm weckt: »Es ist ein ganz anderes Gefühl, als draußen zu sein, wo man Teil eines großen Systems ist. Im Studiolo kannst du du selbst sein und dich wie ein freier Mensch verhalten.«[30] Im Studiolo ist er alle Verpflichtungen los, hier kann sich das wahre, geistige Leben entfalten. Der Raum der Bücher ist seine Umsteigestation aus der Wirklichkeit in eine Welt der Ideen.

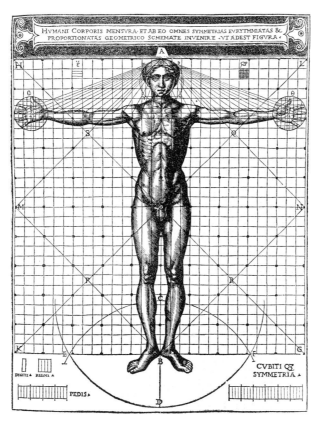

Proportionsfigur aus: Cesare Cesariano, *De architectura*, 1521

Atelierhaus Glashütte, 1999

Die Sammlung der Architekturmodelle

nach eigenen und historischen Entwürfen

Oliver Elser

[1] Zit. n. George Nelson, »Architects of Europe Today. Van Der Rohe. Germany«, in: *Pencil Points*, 16, 9, 1935, S. 453 ff.

Mitte der 1930er Jahre reiste der junge amerikanische Architekt George Nelson durch Europa und porträtierte für die Zeitschrift *Pencil Points* einige Pioniere der modernen Architektur. Beim Besuch Mies van der Rohes in dessen Berliner Atelier stieß er auf ein ionisches Kapitell, das unübersehbar in der Nähe des Eingangs platziert war. Nelson, der in der mehrteiligen Serie den Versuch unternahm, seine skeptischen Landsleute von der Radikalität der Moderne zu überzeugen, war verwundert. Mies erklärte ihm die Bedeutung des Fragments: »Die Architekten der älteren Generation kopieren diese Dinger. Wir hingegen genießen sie.«[1]

Wer Oswald Mathias Ungers' Haus in der Kölner Belvederestraße besucht, trifft dort auf eine Fülle von Objekten, die in tiefem Respekt vor der Geschichte zusammengetragen wurden. Das bereits ist ungewöhnlich. Ungers' Sammlung aber umfasst nicht nur Exponate, die von der Patina des Historischen überzogen sind. In reinem, makellosem Weiß stechen eine Reihe großer Architekturmodelle aus der gedämpften Atmosphäre des Bibliothekswürfels hervor. Die Miniaturen in Alabastergips zeigen eine Auswahl der Höhepunkte der Architekturgeschichte. Ungers besitzt Nachbildungen der Cheops-Pyramide, der antiken Tempel Parthenon und Pantheon, der Stauferburg Castel del Monte sowie von Renaissancebauten wie Palladios Villa Rotonda und Bramantes Tempietto. Hinzu kommen unrealisierte oder nicht mehr vorhandene Bauten wie das Mausoleum von Halikarnassos oder Boullées Entwurf eines Monuments für den Physiker Isaac Newton. Seit dem Jahr 1991 ist ein im Büro Ungers eigens zu diesem Zweck angestellter Modellbauer mit kaum etwas anderem als dem Aufbau dieser einzigartigen Sammlung beschäftigt, die in der Bibliothek und einem Nebengebäude des Wohnhauses in der Eifel aufbewahrt wird. Ein Jahr, so der Modellbauer Bernd Grimm, habe er, zusammen mit einem Praktikanten, am Schnittmodell des Pantheon gearbeitet. Für die nur in ihrer äußeren Gestalt nachgebildete Villa Rotonda seien es immerhin sechs bis sieben Monate gewesen.

Die »Ikonen«, wie die Gipsmodelle in Ungers' Umgebung genannt werden, sind nur ein Teilbestand aus der umfangreichen Modellsammlung des Architekten. Zu dieser zählen neben den eigenen Modellen, also solchen, die nach Ungers' realisierten oder Idee gebliebenen Entwürfen

Gipsmodell Parthenon, Athen, Maßstab 1:50, Teilmodell 1998

Gipsmodell Torhaus, Neuss,
Maßstab 1:200, 1992

Gipsmodell Pantheon, Rom,
Maßstab 1:50, 1994/95

Gipsmodell Castrum, Neuss,
Maßstab 1:200, 1992

entstanden sind, eine Reihe weiterer historischer Modelle. Im Unterschied zu den »Ikonen« stammen sie selbst aus früheren Jahrhunderten.
Das älteste, ein steinerner Räucheraltar, der eine Tempelfront zitiert,
entstand zwischen dem 7. und 4. vorchristlichen Jahrhundert im heutigen Jemen. Die übrigen historischen Modelle bestehen aus Kork, Holz
oder wiederum Gips und wurden im 18. und 19. Jahrhundert nach
Gebäudevorbildern der Antike und Renaissance angefertigt.

Welche Bedeutung hat diese Modellsammlung für den Architekten
Ungers? Ist sie eine Art plastische Ahnengalerie, in der die eigenen
Werke als Nachkommen der großen Werke der Architekturgeschichte
erscheinen? Stehen also die Cheops-Pyramide (2580 v. Chr.) und, beispielsweise, die Berliner Friedrichstadtpassagen (1994 n. Chr.) für Ungers auf einer Stufe? Wie die eingangs zitierte Mies-Anekdote zeigt, ist
aus der Anwesenheit von historischen Objekten nicht zwingend auf
eine, wie man im Computerjargon sagen könnte, »copy & paste«-Be-
ziehung zum eigenen Œuvre zu schließen. In welchem Verhältnis die
Werke wirklich stehen, lässt sich am besten dort nachweisen, wo die
Architekturmodelle ein »Alltagsleben« führen: in Ungers' Haus in der
Kölner Belvederestraße.

Wie im Folgenden gezeigt werden soll, ist die Vermischung von eigenen und historischen Modellen keineswegs als der Versuch zu deuten,
Ungers' Bauten mit einigen der wichtigsten Werke der Architekturgeschichte auf dieselbe Stufe zu heben. Dass die Konfrontation von
Klassikern der Baugeschichte und Ungers' Bauten und Entwürfen der
vergangenen 50 Jahre ausgerechnet im Medium des Modells und nicht
etwa dem der Zeichnung stattfindet, bedarf ebenfalls des Kommentars.
Aus der inflationären Verwendung von Modellen bei Architekturausstellungen zu schließen, dass diese sich als ideales Medium der Vermittlung geradezu aufdrängen, würde zu kurz greifen. Das Anfertigen
und Präsentieren von Modellen hat eine lange, immer wieder auch un-
terbrochene Tradition, zu der sogar unzählige »Warnhinweise« gehören, mit denen sich Architekten und Architekturtheoretiker seit jeher
kritisch zu den Möglichkeiten und Grenzen von Modellen geäußert
haben. Ungers' Sammlung unter dem Aspekt dieser »Architekturgeschichte des Modells« zu betrachten ist nicht allein aufgrund der um-
fassenden theoretischen Versiertheit des Architekten nahe liegend. Die

Tempel der Dioskuren in Rom,
Korkmodell, wahrscheinlich
19. Jahrhundert

Sammlungsstücke selbst verweisen ausdrücklich auf die verschiedenen Funktionen, die Modelle im Verlauf der Baugeschichte innehatten.

Da Ungers' Modellsammlung bislang noch an keiner Stelle der umfangreichen Sekundärliteratur gewürdigt wurde, soll hier ein summarischer Überblick über die vorhandenen Bestände gegeben werden. Diese lassen sich, nach Materialien und Darstellungsgegenständen, in folgende Kategorien einteilen:

- »Ikonen« der Architekturgeschichte (Alabastergips),
- Hochhausmodelle nach Ungers' Entwürfen (Alabastergips),
- Gipsmodelle von Ungers' Privathäusern Glashütte (Haus II) und Kämpchensweg (Haus III) (Alabastergips),
- Reliefdarstellungen von Stadtgrundrissen (Alabastergips),
- historische Architekturmodelle (Holz, Kork, Alabastergips),
- Modelle nach antiker Architektur, gebaut in den 1990er Jahren (Kork),
- Ausstellungsmodelle nach Ungers' Entwürfen (Holz),
- Präsentationsmodelle für Wettbewerbe (diverse Materialien),
- Arbeitsmodelle von Ungers' Bibliothekskubus, von Haus II und Haus III (Holz, Karton und Styrodur),
- Arbeitsmodelle von den Ausstellungen in Vicenza, Hamburg, Düsseldorf, Köln und Berlin (Holz, Karton und Styrodur),
- Modelle von Möbelentwürfen im Maßstab 1:1 (Holz),
- diverse Architekturfragmente wie Treppen, Säulen und so weiter, vermutlich 19. Jahrhundert (vorwiegend Holz).

Auf Exemplare aus nahezu allen diesen Modellkategorien stößt man bei einem Besuch von Ungers' Privathaus in der Kölner Belvederestraße. Sie verteilen sich auf zwei Bereiche: den Bibliothekskubus und zwei Räume im Obergeschoss des ehemaligen Wohnhauses aus den Jahren 1958/59. Im Bibliothekskubus sind die Reliefdarstellungen der Stadtgrundrisse ein fester Bestandteil der Architektur. Die Gipsplatten sind in die Gefache der Bücherregale eingelassen, die sich über den Türdurchgängen im Erdgeschoss befinden. Da auf jeder Seite des quadratischen Grundrisses zwei Durchgänge angelegt sind, stellte der Modellbauer Bernd Grimm acht Supraporten her. Sie zeigen Stadttypologien an konkreten Beispielen: eine Rasterstadt (Milet), eine absolutistische Stadt (Karlsruhe), eine durch Topografie und Flusslauf bestimmte Stadt (Bern), eine Stadtlandschaft der Moderne (Berlin) sowie zwei Transformationen römischer Stadtgründungen (je zwei Modelle von Köln und Trier). In den Blickachsen, die sich durch die acht Durchgänge ergeben, stehen an den Stellen, die nicht als Zugang in die Bibliothek oder als Durchgang zum Garten verwendet und deshalb freigehalten werden, die »Ikonen« in Alabastergips. Weitere Modelle sind über den ganzen Raum verteilt: Zum Zeitpunkt des Besuchs im Mai 2006 standen ein Arbeitsmodell von Ungers' Wohnhaus am Kämpchensweg und eines von der Ausstellung in der Neuen Nationalgalerie auf Tischen bereit, da Ungers, der die Bibliothek als Arbeitszimmer verwendet, nach Aussage seines Modellbauers »wie ein Schachspieler« daran immer wieder die Positionierung von Möbeln und Exponaten korrigiert. Es ist auffällig, dass nur die Ausstellungen und Privathäuser anhand solcher

Arbeitsmodelle geplant werden. In der Architekturproduktion von Ungers' Büro spielen sie keine Rolle. Das oberste Bücherregal ist kleinen Modellen eigener Bauten, Architekturfragmenten und Skulpturen jüngeren Datums vorbehalten. Auf dem Regal aber herrscht keine auf die Architektur abgestimmte Ordnung.

Die Position der »Ikonen« in den Durchgängen erinnert an die kleinen Höfe, die Ungers für Freiluftinstallationen im Sockelbereich des Deutschen Architekturmuseums in Frankfurt am Main realisiert hat. In Frankfurt und bei der eigenen Bibliothek schafft er »Fenster ohne Ausblick«. Statt in eine Umgebung, die in beiden Fällen banal wäre, hinausschauen zu können, wird der Betrachter von einer arrangierten Situation angezogen. Die Neugierde, was vor den Fenstern vor sich geht, wird in der Bibliothek durch einen Ausblick auf die Architekturgeschichte ersetzt, der hier ein Rückblick ist. Diese fast an die Dioramen in naturkundlichen Museen erinnernde Aufstellung der »Ikonen« in solchen »Fenstern in die Geschichte« wird von Fotos hinterfangen, die Ungers' Kuppeln und Innenhöfe in einer streng nach oben gerichteten Perspektive zeigen.

Während im Bibliothekskubus Ungers' eigenes Werk nur durch diese die Architektur stark abstrahierenden Fotos und vereinzelte, zum Teil im Arbeitsprozess verwendete Modelle präsent ist, also insgesamt ohne die ordnende Hand, die den »Ikonen« ihren Platz zugewiesen hat, ist bei den Architekturmodellen im Obergeschoss des ehemaligen Wohnhauses das Ordnungssystem unverkennbar. In einem der beiden dort eingerichteten Ausstellungsräume wird eine kleine Auswahl aus dem großen Bestand der Holzmodelle gezeigt, die das gebaute, bisweilen auch ungebaute Werk Oswald Mathias Ungers' repräsentieren.

Die größtenteils in Buchenholz gefertigten und oft bis in die Fugen der Steinfassaden detaillierten Architekturmodelle zeigen durchweg den Zustand post factum. Das ist insofern bemerkenswert, weil Ungers damit ein System verlässt, auf dem alle Versuche basieren, die verschiedenen Funktionen des Architekturmodells gliedernd zu erfassen. Die beiden grundlegenden Lexikon-Aufsätze zum Architekturmodell stammen von Ludwig Heinrich Heydenreich *(Reallexikon zur deutschen Kunstgeschichte)*[2] und John Wilton-Ely *(The Dictionary of Art)*[3]. Beide Autoren unterscheiden Architekturmodelle nach drei Verwendungszwecken: Entwurfs- und Präsentationsmodelle, die der Architekt im Zusammenhang einer konkreten Bauaufgabe verwendet, dann die »post factum models« (Wilton-Ely), in Heydenreichs Worten »Modelle nach gebauten Architekturen«, zu denen »Lehrmodelle«, »Erinnerungsmodelle« und »Stadtmodelle« zu rechnen sind, und schließlich, drittens, die »Idealmodelle (Phantasiemodelle)«.

Ungers' Holzmodelle entstanden meist erst Jahre, wenn nicht Jahrzehnte, nach der Bau- oder Planungsphase und sind somit nicht der eigentlichen Tätigkeit des Architekten zuzurechnen. Sie sind als »Ausstellungsmodelle« zu bezeichnen. In der Neuen Nationalgalerie in Berlin ist beispielsweise ein Modell der Glaspassage des Messegeländes in Frankfurt am Main zu sehen, das eigens zu diesem Anlass, gut 20 Jahre nach Fertigstellung des Gebäudes, als »Ausstellungsmodell« gebaut wurde.[4]

[2] Ludwig Heinrich Heydenreich, »Architekturmodell«, in: *Reallexikon zur deutschen Kunstgeschichte (RDK),* hrsg. von Otto Schmitt, Bd. 1, Stuttgart 1937, Sp. 918–940.

[3] John Wilton-Ely, »Architectural model«, in: *The Dictionary of Art,* hrsg. von Jane Turner, New York 1996, S. 335–338.

[4] Die übrigen für die Ausstellung in der Neuen Nationalgalerie gebauten Holzmodelle zeigen das Wohnhaus am Kämpchensweg, Köln, das Wohnhaus Glashütte, Bitburg, das Eingangsgebäude der Messe Berlin sowie den noch nicht realisierten Umbau des Pergamonmuseums, Berlin.

Holzmodell Wallraf-Richartz-Museum mit Gürzenich und St. Alban, Maßstab 1:100, 1999

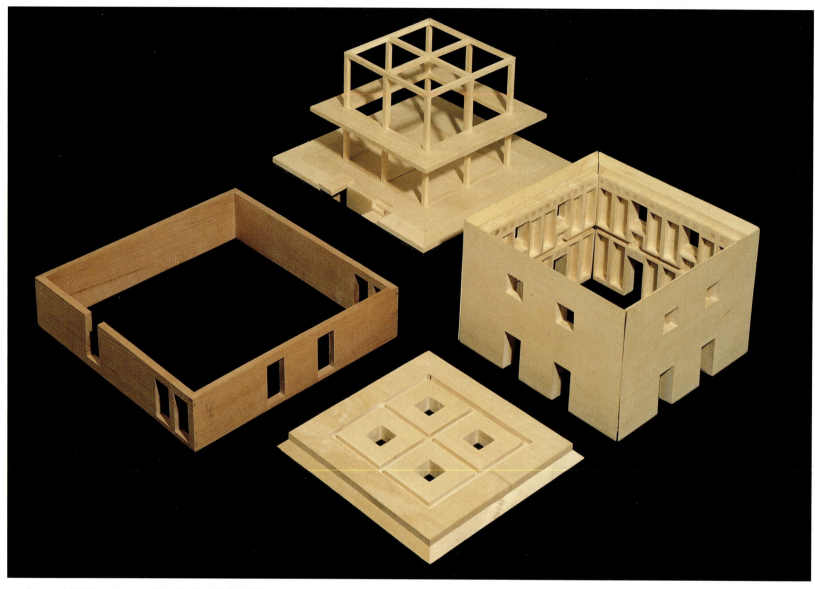

Arbeitsmodell Bibliothekskubus, Holz, Maßstab 1:50, 1990

5 Therme am Forum, Trier; Haus der Geschichte, Stuttgart (unrealisiert); Bibliothekskubus, Köln; Kunsthallenerweiterung, Hamburg.

Von diesem Teilbereich der Frankfurter Messe, der somit im Nachhinein in den Kanon aufgenommen wird und die Stellung eines zentralen Werks erhält, gab es bisher kein Modell. In anderen Fällen, etwa bei den unrealisierten Entwürfen für das Studentenwohnheim Enschede oder für Roosevelt Island, New York, existieren jeweils zwei Fassungen des Modells: eine aus der Entwurfs- und Präsentationsphase und eine, die Jahrzehnte später für eine Ausstellung entstand. Beim Studentenwohnheim, das wegen seiner Interpretation der Hadriansvilla zu den Meilensteinen in Ungers' Œuvre zählt, ist zu beobachten, dass der Entwurf bei der erneuten Ausformulierung als Modell in seinen Details sogar weiter konkretisiert wird. Es hat fast den Anschein, als habe Ungers den Bau im Medium des Modells doch noch realisieren können. Die Feinheit, mit der die Fenster detailliert werden, geht über die Informationen auf den damaligen Wettbewerbsplänen hinaus und entspricht der präzisen Nachbildung, die für seine Modelle nach tatsächlich gebauter Architektur kennzeichnend ist. Was seinerzeit zeichnerisch grob umrissen und im historischen Baumassenmodell nur stark abstrahiert dargestellt wurde, das steht nun im Maßstab 1:200 in präzise gefrästem Buchenholz ebenbürtig neben dem gebauten Werk.

In Ungers' privaten Ausstellungsräumen trifft der Besucher auf vier dieser Holzmodelle: Sie alle zeigen den in seinem Werk gar nicht so häufigen Fall eines Gebäudes über einem quadratischen Grundriss.[5] Nach Auskunft des Modellbauers Bernd Grimm wurde das im Maßstab 1:33 aus MDF gefertigte, im Vergleich zu den übrigen eher abstrakt anmutende Modell des Bibliothekskubus speziell für diese im privaten Rahmen abgehaltene Parade der Häuser mit quadratischem Grundriss von einem externen Modellbauer angefertigt. Der Terminus »Ausstellungsmodell« bezieht sich also nicht nur auf die »externen« Ausstellungen. Auch die Präsentation im privaten Rahmen kann ein Anlass sein, Jahre nach der Fertigstellung des Gebäudes ein Modell herstellen zu lassen. Im Obergeschoss des Hauses Belvederestraße sind die frei im Raum platzierten Holzmodelle von Werken der zeitgenössischen Kunst umgeben. Ebenso zentral in den Raum gestellt wurde lediglich eine mehrteilige Bodenskulptur von Sol LeWitt, eine Variation über das Quadrat, die das von den Architekturmodellen formulierte Thema dieses Raums mit direkter Blickbeziehung auf den realen Kubus der Bibliothek abschließt. Der Bibliothekskubus selbst kann sogar als das größte je von Ungers gebaute Architekturmodell angesehen werden. Wie sich durch Fotos belegen lässt, wurden diverse Entscheidungen erst auf der Baustelle, also quasi am 1:1-Modell, getroffen. Dazu zählen die Vermauerung der Fenster im oberen Stockwerk sowie die Form und Proportionen der Geländer, die anhand von 1:1-Mustern aus Styropor im Rohbau getestet wurden.

Analog zu den Gipsmodellen der »Ikonen«, bei denen Gebautes neben Ungebautem steht, verschwindet auch bei den eigenen Entwürfen die Frage nach der realisierten Architektur hinter der Autonomie des Modells. Die selbstbewusste Gegenüberstellung mit der Kunstsammlung unterstreicht diesen Anspruch noch zusätzlich. Die Modelle werden so ihrer Rolle als Stellvertreter für das real vorhandene Bauwerk enthoben und allein darauf ausgerichtet, die Essenz der architektonischen Idee zu zeigen. Das eingangs vorweggenommene Missverständnis, nämlich der direkte Vergleich im Sinne eines Kräftemessens von historischer Architektur und Entwürfen von Ungers, klärt sich unter diesen Bedingungen auf: Der immense Aufwand der Vereinheitlichung der Modelle ermöglichst es, in ihnen, den eigenen wie den nachgebauten, ein imaginäres, privates Architekturmuseum der Typologien und Ideen zu sehen.

Ungers unternimmt nichts anderes, als den Ratschlag des Architekturtheoretikers Alberti zu befolgen, der den Architekten zum Selbststudium der Architekturgeschichte Folgendes rät: »Was es alles an Bauwerken gibt, [...] welche nach der Meinung und dem übereinstimmenden Urteil der Leute sich bewähren, wird [der Architekt] auf das eingehendste betrachten, abzeichnen, ausmessen und will deren Modelle und Kopien besitzen; er wird diese studieren, ihre Anordnung durchgehen.«[6] Ob solche Sammlungen von Modellen bereits in der Renaissance bestanden, ist nicht überliefert und gilt als eher unwahrscheinlich.[7] Das erste »Architekturmuseum«, dem ein Bildungsauftrag zugrunde lag, entstand um 1700 in Rom,[8] fast zeitgleich wurde an der 1671 in Paris gegründeten Académie Royale d'Architecture, einer Sektion der École des Beaux-Arts, der Lehrbetrieb durch Modelle nach historischen Bauten unterstützt.[9] Unter den Architekten, die Albertis Ratschlag beherzigten, ist Sir John Soane zu nennen, der in seinem Privathaus in London eine große Sammlung von Kork- und Gipsmodellen nach Vorbildern aus Renaissance und Antike zusammentrug und mit Modellen eigener Bauten ergänzte. Soanes überbordende, das ganze Gebäude verschlingende Sammlung von Gemälden, Skulpturen und Modellen dürfte als direktes Vorbild Ungers' eigener Sammlertätigkeit vor Augen stehen.

Im zweiten Ausstellungsraum im Obergeschoss des ehemaligen Wohnhauses, der mit der »St. Petersburger Hängung« historischer Gemälde von Architekturmotiven an Soanes Haus in London erinnert, findet sich sogar eine direkte Verbindung zu dessen Sammlung. Ein historisches Gipsmodell von einer Rekonstruktion eines Tempels in Palmyra stammt nach den Unterlagen der Auktion, auf der es von Ungers erworben wurde, aus der Werkstatt François Fouquets. Dieser Modellbauer war zusammen mit seinem Vater Jean-Pierre Fouquet der Hauptlieferant für das mit 76 Modellen antiker Architektur ausgestattete Museum, das Louis-François Cassas 1806 in Paris eröffnete.[10] Die Cassas-Modelle waren unter Europas Architekten höchst begehrt. Auch Soane erwarb 1834 20 Exemplare von ihm.

Zur damaligen Zeit waren neben den Gipsmodellen auch Korkmodelle als Prestige versprechender Beleg für die eigene Bildung sowie zu Lehr- und Anschauungszwecken zu erwerben. Die aus der neapolitanischen Tradition der Krippenschnitzerei heraus entstandene Kunstfertigkeit, aus dem schwer zu bearbeitenden Kork täuschend echte Modelle verfallender antiker Ruinen anzufertigen, geht zurück auf Antonio Chichi, Agostino Rosa und Giovanni Altieri.[11] Die »Phelloplastiken« waren, nicht zuletzt wegen ihres geringen Gewichts, als Andenken einer Italienreise sehr geschätzt und verbreiteten sich schnell im nördlichen Eu-

[6] Leon Battista Alberti, *Zehn Bücher über die Baukunst,* Wien und Leipzig 1912, reprografischer Nachdruck Darmstadt 1975, S. 516.

[7] Einzelne Modelle, auch ganze Modellreihen, sind aus der Renaissance hingegen überliefert. Vgl. *Architekturmodelle der Renaissance. Die Harmonie des Bauens von Alberti bis Michelangelo,* hrsg. von Bernd Evers, Ausst.-Kat. Kunstbibliothek im Alten Museum, Berlin, München 1995.

[8] Das erste Architekturmuseum Europas entstand unter Papst Clemens XI. (1700–1702). Vgl. Richard Bösel und Hans Puchhammer, *Exemplaria. Architekturmodelle der Graphischen Sammlung Albertina aus der TU Wien,* Wien 1996, S. 11.

[9] Vgl. Monique Mosser, »Französische Architekturmodelle im Zeitalter der Aufklärung«, in: *Daidalos,* 2, 1981, S. 83 ff.

[10] Vgl. Valentin Kockel, »Rom über die Alpen tragen. Korkmodelle antiker Architektur im 18. und 19. Jahrhundert«, in: *Rom über die Alpen tragen. Fürsten sammeln antike Architektur. Die Aschaffenburger Korkmodelle,* hrsg. von Werner Helmberger und Valentin Kockel, Bestandskat. Kunstsammlungen, Bayerische Verwaltung der Staatlichen Schlösser, Gärten und Seen, Landshut-Ergolding 1993, S. 26.

[11] Ebd., S. 10.

Konstantinsbogen in Rom, Modell in Kork und Terrakotta von Luigi Garotti, 18. Jahrhundert

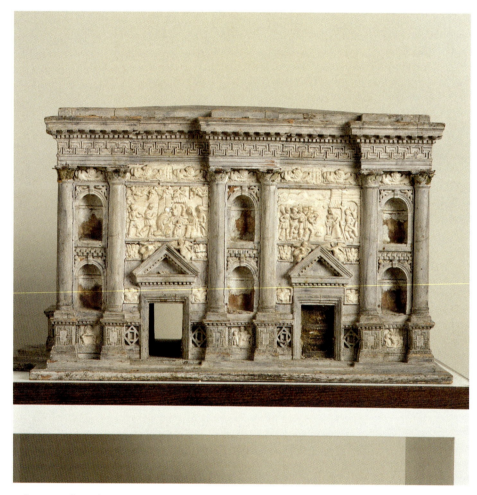

Bramantes Santa Casa im Dom von Loreto, 1509, Modell in Holz und Gips, 18. Jahrhundert

12 Heydenreich 1937 (wie Anm. 2), Sp. 922, bezeichnet Modelle, »die in der profanen und sakralen Kunst vorkommen, z. B. in der Form von Tabernakeln [...], als Kultgerät (Ziborien, Monstranzen, Reliquiare)«, als Vertreter der »Idealmodelle«.

13 Vgl. *O. M. Ungers. Architekt*, Ausst.-Kat. Hamburger Kunsthalle, Stuttgart 1994.

ropa. Oswald Mathias Ungers' Sammlung umfasst eine ganze Reihe von Korkmodellen, darunter ein prächtiges, 81 Zentimeter hohes Exemplar der drei Säulen des Dioskurentempels auf dem Forum Romanum, das im 19. Jahrhundert angefertigt sein dürfte, sowie den Konstantinsbogen, der im 18. Jahrhundert in der Werkstatt Luigi Garottis entstand. Ungers besitzt auch ein bemerkenswertes Holzmodell der Santa Casa im Dom von Loreto, die im Original von Bramante ausgeführt wurde. Der Erwerb des aus dem 18. Jahrhundert stammenden Modells ist wahrscheinlich nicht allein mit Ungers' Bewunderung für den Begründer der Hochrenaissance-Architektur zu erklären, die in der Sammlung der »Ikonen« durch ein Modell von Bramantes Tempietto im Maßstab 1:15 belegt ist. Die Santa Casa ist zugleich ein historisches Vorbild für das »Haus im Haus«, das Ungers im Architekturmuseum in Frankfurt realisieren konnte. Der Legende nach befindet sich im Inneren der Santa Casa jener Stall, in dem die Jungfrau Maria geboren wurde. Engel sollen ihn über Umwege nach Loreto gebracht haben, woraufhin an Ort und Stelle eine Kirche errichtet wurde. Gesichert ist nur, dass Bramante um 1509 die Reste des Stalls mit einer frei in den Kirchenraum hineingestellten Kapelle umbaute.

Das älteste Modell in Ungers' Sammlung wird nicht im Raum der historischen Modelle und Gemälde aufbewahrt, der zugleich als Besprechungsraum dient. Der schon erwähnte steinerne Räucheraltar, der die Front des Almaqah-Tempels von Ma'rib im heutigen Jemen zitiert und zwischen dem 7. und 4. vorchristlichen Jahrhundert entstand, befindet sich im Wohnhaus am Kämpchensweg. Er verweist auf die dritte Funktion, die Modelle neben dem Zweck des Entwerfens und der Dokumentation einnehmen können: Der Altar ist ein Modell, das gleichzeitig als Kultgerät dient.[12] Im Zusammenspiel mit der extrem reduzierten Architektur des »Hauses ohne Eigenschaften« entsteht eine eigentümliche Verkehrung der Verhältnisse. Durch seine Patina erscheint die Miniaturarchitektur des Räucheraltars realer als die umgebende »echte« Architektur, die so perfekt und unnahbar ist, als sei sie ein Gipsmodell im Maßstab 1:1.

Die Gipsmodelle von zwölf Hochhäusern, mit denen Ungers im Jahr 1994 eine Ausstellung[13] in der Hamburger Kunsthalle ausstattete, werden, zusammen mit den Gipsabgüssen antiker Plastiken und einigen der »Ikonen«, in einem Nebengebäude von Haus Glashütte ausgestellt. Mit zweien dieser Modelle begann der Modellbauer Bernd Grimm seine Tätigkeit im Büro in der Belvederestraße. Im Jahr darauf folgte das Parthenon-Modell in Alabastergips. Dann entstand die Idee zu der Hochhaus-Ausstellung, für die weitere zehn Entwürfe in Gips umgesetzt wurden.

Zu John Soanes Zeiten wurden Gipsmodelle dafür verwendet, historische Bauten in fiktiven, nämlich rekonstruierten Zuständen zu zeigen, wohingegen die Modelle aus Kork den ruinösen Ist-Zustand nachformten. Die Reinheit von makellosem Alabastergips muss Ungers daher als ideales Material erschienen sein, Hochhausentwürfe zu präsentieren, von denen teilweise absehbar war, dass sie nicht realisiert würden. »Das Modell war und ist der Ort einer Utopie, die im Stillstand ihres vor-

Holzmodell Potsdamer Platz und Leipziger Platz (Hochhäuser aus Plexiglas), Berlin, Maßstab 1:1000, 1998

14 Walter Grasskamp, »Kleinmut. Hinweise zum Modell«, in: *Daidalos*, 26, 1987, S. 71.

15 Vgl. *Idea as Model*, hrsg. von Kenneth Frampton und Silvia Kolbowski, Ausst.-Kat. Institute for Architecture and Urban Studies, New York, New York 1981.

16 Oswald Mathias Ungers, »Entwerfen und Denken in Vorstellungen, Metaphern und Analogien«, in: *Oswald Mathias Ungers. Architektur 1951–1990*, Stuttgart 1991, S. 230.

hersehbaren Scheiterns in der herrischen Geste eines Entwurfes verharrt, der bereits das Resultat ist«,[14] schreibt Walter Grasskamp über die seit Beginn der Moderne zu beobachtende fiktive Realität, in der viele Architekturmodelle ihr autonomes Dasein als Skulpturen fristen. Nicht ohne Grund findet sich ein Beitrag von Oswald Mathias Ungers in der wichtigen Architekturausstellung *Idea as Model*,[15] die ganz dem autonomen Architekturmodell als Ideenträger ohne Realisierungsaussichten gewidmet war.

Ungers' Modelle schöpfen aus der Doppelbedeutung des Begriffs »Modell«. Sie sind beides: Verkleinerung (zum Zwecke des Inbezugsetzens) und Prototyp. Ungers selbst schreibt unter dem Stichwort »Modelle« in einem seiner theoretischen Texte: »Nicht zuletzt ist das Modell eine intellektuelle Struktur, die Ziele setzt für unsere schöpferischen Aktivitäten; gerade so wie der Entwurf von Modellgebäuden, von Modellstädten, von Modellgemeinschaften und anderen Modellbedingungen die Richtschnur ist für folgerichtige Aktionen.«[16]

Haus Glashütte,
Blick vom Teich, 1988

Der Architekt als Bauherr

Ungers' eigene Häuser als Ergebnis einer monologischen Kunst

Martin Kieren

Vom Glück der Einsamkeit

Architekten sind in der Regel Dienstleister: Ein Bauherr äußert Wünsche, der Architekt macht sich Notizen, fertigt Skizzen, legt sie dem Bauherrn vor; dieser äußert Bedenken oder Zustimmung. Es folgen weitere Skizzen und Entwürfe, Bauherr und Architekt treten in einen Dialog miteinander. Diesem Dialog entwächst der Entwurf.

Handelt es sich bei dem Entwurf um ein Wohnhaus für den Bauherrn, sieht sich der Architekt mit einem individuellen Lebensentwurf konfrontiert, für den er eine Bildidee finden muss: Er muss das treffen, was man gemeinhin Geschmack nennt. Jenes also, das in unserer Kultur zunehmend in den Vordergrund rückt. Nicht das Allgemeine eines (Gebäude-)Typus ist aus den Randbedingungen herauszufiltern, sondern das Besondere, etwas, das diesen Bauherrn und seinen persönlichen Lebensentwurf betrifft.

Jeder Architekt hat von diesem Gebäudetypus – nennen wir ihn »Villa« – seine eigene Idee, im besten Falle eine übergeordnete: eine Idee, die, so er sein Metier ernst nimmt, nicht nur die Wünsche des Bauherrn im Visier hat, sondern ebenso die Geschichte des Typus, seine Einbettung in die jeweilige Kultur und die daraus erwachsene Bildidee, gleichsam ein Thema, das sich den im Metier selbst aufgehobenen Gesetzen verdankt. An dieser Schnittstelle kollidieren meist die Vorstellungen des Architekten mit denen des Bauherrn. Oft gipfelt die Zusammenarbeit in dem Vorwurf des Bauherrn, der Architekt wolle nur »Kunst« und sich selbst verwirklichen, während man selbst nur ein Haus wolle, das seine Funktion erfüllt, den ökonomischen Rahmen nicht sprengt und ansonsten repräsentativ und »schön« sein soll.

Diese Überlegungen, die zunächst banal erscheinen mögen, führen schnell, schaut man sich die Häuser an, die der Architekt Oswald Mathias Ungers für sich selbst über einen Zeitraum von 40 Jahren geplant und realisiert hat, zur Einsicht in die strukturelle und formalästhetische Radikalität, die sie kennzeichnet. Auf dieser Folie erst scheint sie auf, diese mal mit Respekt, mal mit einem kritischen Unterton geäußerte Radikalität. Wir wollen sie hier jedoch nicht nur feststellen, sondern aufspüren.

Wenn ein Architekt im Laufe seines Berufslebens – und Ungers' Leben ist zunächst Beruf (im besten Sinne auch Berufung, weil er in seinem Leben alles, im existentiellen Sinne, auf diese Karte gesetzt hat, auch hier radikaler als andere[1]) – sich mehrmals daran macht, für sich selbst Refugien für *seinen* Lebensentwurf zu planen, und dann realisiert, dass er damit nicht mehr leben kann, könnte man zunächst meinen, dass er nicht zufrieden war damit und sich deshalb ein zweites Haus plante, ein drittes und so fort. Diese Überlegung wäre nahe liegend, wenn Ungers die ersten veräußert hätte, sie nicht mehr nutzen würde. Das aber ist mitnichten der Fall: Alle Häuser werden nach wie vor von ihm selbst, seiner Frau Liselotte und seiner Familie benutzt, sie sind von seiner Person und seiner Arbeit beseelt und wirken wie Tätowierungen im Namenskürzel OMU. Ungers ist ohne sie nicht denkbar – und diese Häuser sind es nicht ohne ihn. Sie sind freilich auch – im Gegensatz zu der eingangs erörterten Beziehung Architekt–Bauherr, die ja, wie wir festgestellt haben, eine dialogische Beziehung ist – Ergebnis einer »monologischen Kunst«.[2]

Was aber bedeutet dies? Man muss zunächst abseitsstehen, will man diese »monologische Kunst« betreiben: abseits der Debatten, die das Tagesgeschehen kommentieren, die dem Zeitgeist frönen, die den wechselnden Moden sich verdanken, die nicht in die Tiefe, sondern nur an die Mikrofone gehen. Man muss den Abstand wahren zu den ausgegebenen Tagesparolen, seien es die der Kritiker oder die der selbst ernannten Avantgarde unter den Architekten: Abstand zum laufenden Tamtam, zu den Stilisierungen, zum Gerede über Modernismus, Blow-up Architecture, Tektonik, Mapping und Folding Architecture, Dekonstruktivismus, Pulp Architecture, Minimalismus und so weiter. Man muss zunächst seine mentalen Kräfte sammeln, seine intellektuellen Bestände sichten und die Themen und Stoffe der Architektur immer wieder durch die gleichen Filter sintern lassen. Dazu benötigt man eine besondere Konstitution und einen Ort, an dem man in die hierzu notwendige – nennen wir sie ruhig »mönchische« – Klausur gehen kann, mit sich, mit seinen Gedanken, mit seinen Büchern, seinem Werkzeug, seinem Befinden. Man muss sich abschotten können – was Ungers kann, was er tut, was er tun muss.

Genau hierzu dienen ihm auch seine von ihm selbst entworfenen Häuser. Dies sind die Orte, an denen das Werk des Architekten entsteht und zu sich selber kommt – und wo es zugleich dem Ernstfall, dem sozialen wie funktionalen Gebrauch nämlich, ausgesetzt ist.

Das erste Haus, entworfen und gebaut 1958, spielt in der Biografie des Architekten und in der deutschen Architekturgeschichte eine besondere Rolle. Es dient Ungers seit bald einem halben Jahrhundert als Klause, Denkfabrik und Schatzhaus für seine Büchersammlung. Darüber hinaus ist es ein architektonisches Manifest, das bislang allen Wandlungen des Geschmacks und des sozialen Gebrauchs standgehalten hat. Gebaut wurde es zunächst als Wohnhaus für sich und seine Familie, mit zwei Einliegerwohnungen.

Ungers experimentierte zu dieser Zeit mit den Elementen der Architektur: mit Sockel, Gesims und Laibung, mit Schwere und Leichtigkeit, mit offenen und geschlossenen Räumen – und immer wieder mit der Wand als Membran zwischen Innen und Außen, mit der Wand also als Fläche zur Regulierung architektonischen Sinns und Sehens.

Positiv-Negativ-Figuren:
Haus Belvederestraße 60

[1] »Es fällt mir schwer, etwas anderes als Architektur zu denken, darum ist das eigene Bauen kein Luxus, sondern eine Lebensnotwendigkeit. Mein ganzes Denken kreist immer nur um Raum, Körper, Proportion, Maß und Zahl.« Oswald Mathias Ungers, *Aphorismen zum Häuserbauen,* Braunschweig u. a. 1999, S. 6.

[2] Man darf hier ruhig an die Entfaltung des dionysischen Weltwillens hin zum schaffenden Individualwillen à la Zarathustra denken. Es geht bei Ungers tatsächlich um das schaffende Subjekt und der diesem eigenen Schaffensästhetik. Existentiell hierbei ist das Motiv der Einsamkeit (beziehungsweise des Alleinseins und -schaffens) als schöpferischer Impuls; erst aus der Einsamkeit erwächst Kunst als Lebenssteigerung, quasi ihre höchste Form. Hier verankern wir die wahre, die monologische Kunst.

Haus Belvederestraße, Ansicht von der Ecke, 1989

Bibliothekskubus, Ansicht von der Ecke Quadrather Straße, 1989

Bibliothekskubus, Peristylhof

³ Vgl. Oswald Mathias Ungers, *Die Thematisierung der Architektur*, Stuttgart 1983.

Aber nicht die aus der Anwendung der Elemente resultierenden Motive als solche interessierten ihn, sondern, und hierin liegt die Brisanz seines Denkens bis heute, die diesen Bildern vorgeschalteten »Ideen zur Architektur«, ihre Themen, als deren Resultate die Bilder fungieren – gleichsam als architektonische Kodierungen geistiger Arbeit. Er erforscht seither diese »Thematisierung der Architektur«.[3]

Die Bauten dieser Jahre waren Versuchsanordnungen unter Ernstfallbedingungen, geprägt von der Suche nach einer Idee der Architektur jenseits des Bauens als Pflicht- und Zweckerfüllung. Ungers wollte nie nur ein stoffliches Werk, sondern zugleich ein geistiges Werk schaffen, das sich im Gebauten widerspiegelt. Sein Atelier in der Belvederestraße ist ein Labor für diese Prozesse, in dem Ingredienzien aus dem Ideenfundus der Architekturgeschichte neu gemischt werden: Strukturen, Baukörpervolumen, Physiognomien der Fassaden und Grundrissfiguren verlassen das Labor als Resultate beherrscht kalkulierter und rational beantworteter Fragen. Es sind Feststellungen, manifestartige Konzisionen im Raum. Dabei spielten seinerzeit der unmittelbare Kontext und die hier aufgespürten Materialien und Motive ebenso eine Rolle wie die Überlegung, aus ihnen mehr zu machen als triviale Häuser.

Am Ende einer banalen Reihenhausbebauung scheint es auf als plastische Figur, die aus positiv und negativ geformten Raumkörpern besteht. Ein reliefartig modulierter Monolith, geprägt von einer harten, aber, dies ist kein Widerspruch, im Innern elastischen Struktur. Die klassische Frage nach der Fassade wird radikal gewendet und als Resul-

Haus Glashütte

4 Ungers 1999 (wie Anm. 1), S. 6.

5 Ebd., S. 8.

6 Ebd., S. 21.

7 Ebd., S. 16.

8 Es handelt sich um das Castel del Monte (13. Jahrhundert) in Apulien und Malewitschs *Schwarzes Quadrat auf weißem Grund* (1913).

tat eines im Innern des Hauses wirkenden Raumprinzips interpretiert. Hier wurde ein Labyrinth geschaffen, das das kleine Haus groß macht. Weite und enge, offene und geschlossene Raumkompartimente wechseln sich ab, Treppen durchdringen den Körper an Knotenpunkten, Sichtbeziehungen zwischen den Raumabschnitten heben die tradierte Folge von Zimmern auf. Das Ergebnis ist verblüffend: Es entstand ein Kontinuum von Raumteilen, das quasi auf die Außenhaut projiziert und hier in negativen und positiven Abdrücken sichtbar wird. Das Haus wirkt hart, es ist aus gebrannten Ziegelsteinen und Beton gebaut, von deren Materialität und Oberflächenstruktur es geprägt ist. Interessanterweise zeigt sich, wie elastisch im Grunde selbst diese Materialien sind, wenn sie Hände finden, die sie zu formen verstehen. Fast geschmeidig legen sich die Flächen um die Räume, deren Grenze sie zugleich markieren. Die Fensteröffnungen folgen dabei keiner Komposition, sondern dem inneren Raumgefüge und der dort herrschenden Notwendigkeit, wobei Lichtführung und Ausblicke entscheidend sind. Bis vor wenigen Jahren diente das Haus dem Architekten als Wohn- und Arbeitsrefugium.

Der englische Architekturkritiker Reyner Banham erkannte sofort, dass es sich hier um ein besonderes Haus handelt, und nahm es 1966 in sein Buch *The New Brutalism* auf. Etwas Vergleichbares – nicht in Bezug auf die Qualität, sondern in Bezug auf die Radikalität, auf der diese programmatische Idee der Architektur fußt – ist in diesen Jahren in Deutschland nicht gebaut worden, weil niemand so radikal dachte wie Ungers.

Natürlich gilt, dass man als sein eigener Bauherr – in einem monologischen Verfahren – die besten Möglichkeiten zur Realisierung eines Gebäudes hat, in das die Summe der Erkenntnisse und Erfahrungen eingebracht werden kann: »Das Haus ist Lebensraum, Laboratorium, Weltvorstellung und Testfall zugleich«,[4] schreibt Ungers. Und: »Das Haus ist ein Abbild der Idee von Welt, von Leben, von Existenz. Es ist ein existentielles Weltstück.«[5] Ein Welt-*Stück* und *Werk*-Stück, denn es ist Stück und Bühne für die Auftritte der hier Agierenden zugleich: Architekten, Kinder, Bauherren, Künstlerfreunde, Hunde, Katzen, Bedienstete und Mitarbeiter gingen und gehen hier seit Jahren ein und aus und proben diesen Ernstfall – den Gebrauch. Sie alle gehören zu dieser Versuchsanordnung, zum Stück »Experiment Architektur« dazu.

Erweitert wurde das Haus im Jahre 1989 durch einen Bibliotheksbau, einen »kubischen Idealraum«,[6] und durch Maßnahmen, die aus dem häuslichen und labortechnischen Labyrinth eine »Stadt im Kleinen« machen: Ungers verdichtete es. Den einstigen Raumfolgen entspricht nun die Struktur eines um einen schwarzen Steinwürfel ergänzten komplexeren Raumbildes, das, in den Augen des Architekten, »aussieht wie eine Ministadt aus Plätzen, Höfen, Gassen und Kuben«.[7] Der Würfel birgt seine einmalige private Bibliothek zur Architekturgeschichte und -theorie in Erstausgaben. Ungers nennt als Paten für die elementare Form des Kubus Stauferkaiser Friedrich II. und Kasimir Malewitsch.[8] Im Kern strukturell »ein weißes Idealgerüst von 6 x 6 x 6 Metern, ein Grundelement der Architektur, Kubus und Gerüst, Block und Gestänge, Arche und Lade, Höhle und Zelt, die beiden Grundmodule vereint in einem Konzept. Ein kleines Pantheon«.[9] Dem inneren Gerüst[10] – quasi dem platonischen Raum der Leere – folgt die Schicht der Bücher, dieser die Haut aus schwarzer Basaltlava. Die Grundstücksrestfläche wird zum Peristyl umgewandelt, zum Klosterhof, zum Kreuzgang. »Es ist mehr geworden als ein schwarzer Kubus«, schreibt Ungers. »Es ist die Summe meines architektonischen Wissens.«[11]

[9] Ungers 1999 (wie Anm. 1), S. 16.

[10] »[...] das Gerüst, die Idealform, die höchste Reduktion [...].« Ebd.

[11] Ebd., S. 21.

[12] Ebd., S. 50.

[13] Ebd., S. 54.

[14] Ebd., S. 64.

Harmonie der Gegensätze: Das Haus Glashütte in der Eifel

Die Bedeutung des Hauses Glashütte in der Eifel ermisst erst, wer die Vitruv'schen, mithin römischen, Voraussetzungen für eine »Villa rurale« abrufen kann, wer zudem die Anfahrt erlebt und das kleine Tal gesehen hat, in dem es steht, wer die Stille einmal zu hören vermochte, in die das Haus eingebettet ist, und wer die Finsternis, die tiefe Schwärze der Nacht in dieser von Wald hinterfangenen, anmutig bewegten Mulde einmal erfahren durfte und zu lesen vermag. Ungers selbst ging es dabei um die »Harmonisierung von Natur, Gebrauchszweck und Kunst«,[12] also einmal mehr um das Experiment einer weiteren Versuchsanordnung zum Zusammenfall der Gegensätze, die sich komplementär ergänzen: »Die natürliche Welt und der kunstvoll gefertigte Bau.«[13] Eingebettet in eine künstlich gestaltete Landschaft – ein Raster, das dem Grundriss des Hauses gehorcht –, steht das Haus da wie der Prototyp Haus, gleichsam so, als hätte es ein Kind mit Kreide in diese grüne Landschaft gezeichnet: vier Wände, ein Satteldach, eine monotaktisch rhythmisierte Befensterung, eine Tür in jeder Wand. Kein Ornament, nirgends – ein Monument. Es folgt in der äußeren Lineatur dem folgenreichsten Bautypus der Baugeschichte, dem Megaron: ein durch das Satteldach gerichteter quadratischer Zentralbau, durch Ungers' geburtsbedingte Herkunft aus der römischen Tradition der Trierer Nachbarschaft initiiert, ein Haus für seine persönlichsten Erinnerungen, seine geistigen Spaziergänge, abgeschottet vom Tagesgeschehen, geeignet für die Monologe, die zu führen sind, für das Zu-sich-Kommen. »Glashütte ist meine Villa Hadriana, wo all das versammelt ist, was die Summe meines Lebens ausmacht.«[14] Das Haus ist groß und klein zugleich, ein Mikrokosmos und zugleich ein Universum – einfach und doch komplex. Auch hier wieder eine klar der Geometrie folgende Raumanordnung, ein durch zwei Geschosse durchgestecktes Hallenmotiv, dem enfiladenartig die Arbeits-, Schlaf- und Nebenräume zugeschaltet sind.

Ein Nebenhaus dient als kontemplative Architekturzelle. Hier stehen, quasi zur zeremoniellen Anschauung, die in Ungers' Universum eine wichtige Rolle spielenden Ur- respektive Prototypen der Architekturgeschichte in Form von Gipsmodellen: Parthenon und Pantheon und deren Variationen, stumme und doch beredte Zeugen des Lebens eines Menschen, der sich, wie wenige andere in dieser Intensität, dem Metier existentiell verschrieben, ihm anheim- und diesen Zeugen eine Heimstatt gegeben hat.

Aus dem Zirkelschlag gewonnen: Haus Kämpchensweg

Sein Begriff von Schönheit in der Architektur bewahrt Ungers vor persönlichen Zeichen, vor Mimikry, vor Surrogaten. Diese Radikalität, die das Existentielle des Metiers vor Verschönerungsabsichten zu retten sucht, folgt in den letzten Jahren der Strategie der

Haus Kämpchensweg, Ansicht vom Garten

Haus Kämpchensweg,
Ansicht vom Garten mit geöffneten Fenstern

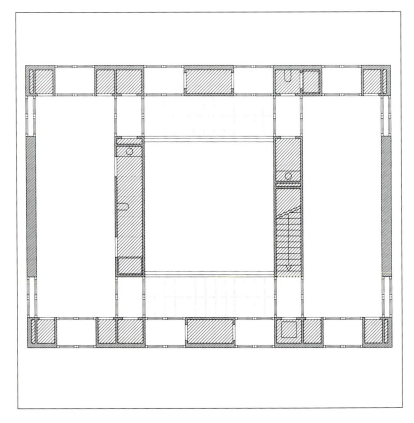

[15] Ebd., S. 30–32.

[16] »Es geht mir um die reine Kiste, die einfachste Form der Interpretation eines ständig vorkommenden Elements.« Ebd., S. 38.

[17] Ebd., S. 29.

[18] Ebd., S. 38.

[19] Der Abschnitt über das Haus Kämpchensweg ist in Ungers 1999 (wie Anm. 1) mit »Das Regelwerk der Geometrie« überschrieben.

Haus Kämpchensweg, Schwimmbad

Haus Kämpchensweg, Innenraum

Haus Kämpchensweg, Stuhl

Haus Kämpchensweg, Grundriss

Verfeinerung des einmal Erreichten. Es ist der Versuch, zu einem Kern vorzustoßen, von dem es nichts mehr zu subtrahieren gibt. Angesichts dieses zunächst letzten für seine Privatzwecke gebauten Hauses Kämpchensweg von 1996 kann man versuchen, Referenzen heranzuziehen: Häuser von Adolf Loos würden sich eignen und das Haus Kundmanngasse von Ludwig Wittgenstein, Palladios Villa Badoer, das Casino von Karl Friedrich Schinkel im Schlosspark Charlottenburg. Ungers schreibt, sein Haus sei nichts weiter als eine Reflexion des Grundtypus der dreischiffigen Anlage einer Villa, eines Typus, der in der Baugeschichte immer wieder in neuen Variationen auftaucht.[15] Schaut man sich die vom Architekten benannten Gebäude aber genauer an, wird das Raffinement der Ungers'schen Konzeption evident: Ungers radikalisiert einfach die in ihnen angelegten Strategien. Und: er schottet die »reine Kiste«[16] gegen alle Versuche ab, eine Interpretation jenseits der in ihr angelegten strengen Raumordnung und jenseits der aus einer Idee zur Architektur herausdestillierten Erscheinungsform zu suchen. Er schafft einzig aus dem Lot und dem Zirkelschlag Räume, gleichsam entleerte, auf nichts verweisende Module, die er durch die architektonische Intervention einer normativen Sprache, einer radikal minimierten Grammatik gewinnt. Bei diesem Haus zählt nur die Ordnung der Form, die aus der Geometrie erwächst, aus der geklärten, sich jedweder sentimentalen Abweichung versagenden Linie, mit der er das Gebäudevolumen umschreibt, es durchfenstert und jedes Raummodul in diese Hausfigur einzeichnet. *Ein* Gedanke, *eine* Regel, *ein* Ordnungsmuster, keine Abweichung.

Auf den Fassaden zeigt Ungers die Dreischiffigkeit, die die innere Struktur beherrscht, nicht an. Hier zelebriert er »das Haus als reines Kunstobjekt«,[17] indem er einen Sockel, gleich einem Stylobat, flach in den Garten legt. Hierauf stellt er seine »Kiste«, die das Notwendigste anzeigt, um sie als Haus zu kennzeichnen: Wände und Fensteröffnungen. Mehr nicht. Nicht einmal mehr ein Dach. Präzise in den Naturraum gezeichnet, hart, schmucklos, elementar, rein. »Kein Ausdruck von etwas, kein Synonym für etwas, heruntergeschliffen auf den absoluten Kern, so pur, so eindeutig wie möglich. […] Alles was gemeint ist, wird sichtbar, wird unvermittelt gezeigt.«[18]

Im Innern zeigen sich die Räume mit der gleichen Eindeutigkeit. Es sind exakt umhüllte, mittels Vitruv'scher Proportionen geschaffene Raummodule. Sie sind oblong-rechtwinklig konfiguriert, regelmäßig durchbrochen durch große Türen und Fenster. Alle Räume sind gleich, alle Wände sind gleich, es gibt nur einen Rhythmus. Wir haben es mit insgesamt fünf solchen Räumen zu tun, eingespannt zwischen Wänden und den zwei schmalen Seitenfassaden. Diese als »bedienende« Wände ausgebildeten ausgehöhlten Scheiben nehmen die Treppen, einen Fahrstuhl, die Küchenzeile, die Bäder auf, oder sie sind als Schränke ausgebildet.

Der zentrale Raum im Gebäude *ist* Zentralraum: Er durchstößt beide Stockwerke und sammelt die Energien und Strukturmerkmale des Hauses, die von der Norm aller Module, von dem »Regelwerk der Geometrie«,[19] von der präzis kalkulierten Linienführung und von der mathematisch-rhythmischen Dynamik zwischen Wandabschnitten

Haus Kämpchensweg, Küche

und Tür- und Fensteröffnungen ausgehen. Diese Sala terrena ist aber nicht nur räumlicher, sondern, durch die hier aufgestellte Bibliothek mit den Erstausgaben der europäischen Traktatliteratur von 1450 bis um 1900, auch geistiger, man könnte sagen: platonischer, Mittelpunkt des Hauses.

Die kalt und klar gehaltene Modularität, die alle Räume auszeichnet, wird von Ungers zusätzlich gesteigert und zelebriert: Es gibt eine Wand, auf der Zirkelschläge, Proportionslinien und Zahlen zu sehen sind, in römisch-antiker Manier aufgetragen (vgl. Abb. S. 37). Es sind die hier waltenden harmonischen Gesetze, die den das Haus erst konstituierenden Wänden gewissermaßen eingebrannt sind und somit auf die Idee verweisen, der es sich verdankt. Spätestens hier wird klar, dass es als Manifest zu lesen ist. Es ist eine radikale, aus dem Substrat der Architektur herausgearbeitete Möglichkeitsform gegenüber der Varietät und Vielfalt, die in ihr angelegt ist.

Diese »Villa« aber ist kein Fanal, sondern die Befreiung des Denkens in architektonischen Kategorien von einem dem Metier fremden Stilballast. Ungers ging es nie um »moderne Architektur«, nie um Geschmack und niemals um einen etwaigen Zeitgeist – er weiß, dass dies in unserer Kultur eine private Angelegenheit ist. Er versucht vielmehr, auf einen Kern zurück- oder auch vorzustoßen, dessen gehärtete Form es ihm erlaubt, die existentiellen Fragen der Architektur vor den häufig zu schnell und voreilig gegebenen Antworten zu retten.

Wovon aber erzählt uns dieses letzte Gebäude trotzdem etwas, diese »casa senza qualità«, wie Ungers es nennt? Jenseits anderer Erzählungen anderer Architekten – seien es die seiner Schüler oder die der selbst ernannten Avantgardisten, die in diesem Falle Arm in Arm Ungers gegenüberstehen – erzählt Ungers damit *seine* Geschichte der Architektur, einer oftmals missbrauchten Disziplin, missbraucht von Staatsmännern oder talentlosen Architekten. Er erzählt von seiner Sehnsucht, die Architektur als Kunst möge rein bleiben. Rein von Geschwätz, rein von Simulacren, rein von Atavismen, rein von Sentimentalitäten, rein von Simulationen – seien es die der Tektonik, der Konstruktion, von Last- und Tragverhalten, von Screen, Blob und Pulp. Rein von den Zitaten auch aus der Bilderwelt einer entfesselten Unterhaltungsindustrie. Seine Erzählung ist knapp und illusionslos. Sie erfreut und tröstet nicht und niemanden. Sie konstatiert. Sie will kein Ersatz für irgendetwas anderes sein. Sie will nichts mitteilen. Sie ist im besten Sinne autonom. In den Notizen von Charles Baudelaire zu seinem ungeschrieben gebliebenen Buch *Mein entblößtes Herz* findet sich die Bemerkung: »Die Ruhe als einen Grundzug der Schönheit bewundern.« – Dies ist eines der Themen von Ungers' vorläufig letztem eigenem Haus.

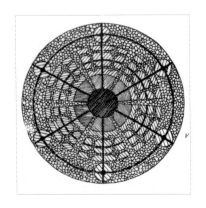
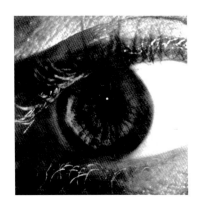
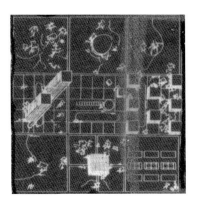
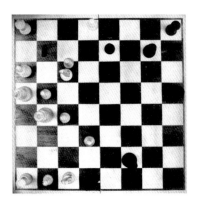

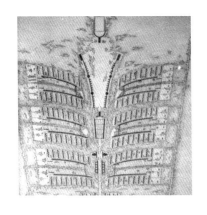

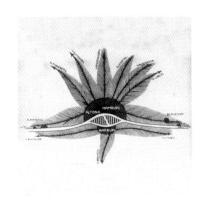

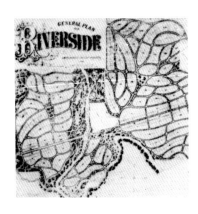
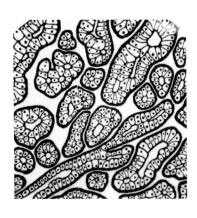
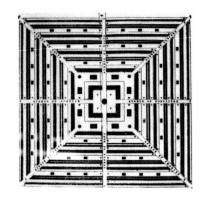

Die Stadt als Sammlung

Wilfried Kühn

[1] Oswald Mathias Ungers im Gespräch mit Nikolaus Kuhnert, »›Vielfalt, die nicht auf Einheit gründet, ist Verneinung. Einheit, die nicht auf Mannigfaltigkeit beruht, ist Tyrannei‹ (Blaise Pascal)«, in: Archplus, 85, Juni 1986, S. 32.

[2] Pierluigi Nicolin, »Kombinationskunst und Mythos«, in: Anja Sieber-Albers und Martin Kieren (Hrsg.), Sichtweisen. Betrachtungen zum Werk von O. M. Ungers, Braunschweig und Wiesbaden 1999. Diese Koinzidenz ist besonders vor dem Hintergrund von Ungers' amerikanischem Universitäts-Engagement in jener Zeit zu sehen. Gleichzeitig mit Colin Rowe, dem Autor von Collage City (1978) lehrt er an der Cornell University in Ithaca. Rowes Fokus auf die Dialektik von Figur–Grund, den gebauten Raum als Komposition und die Kollision von Körpern zielt auf das Prinzip der Addition als Collage, das Ungers' Methode der Reduktion als Sammlung entgegensteht.

[3] Oswald Mathias Ungers und Stefan Vieths, Die dialektische Stadt, Braunschweig und Wiesbaden 1999.

[4] »Ein Kunstwerk wird nicht dann gesammelt, wenn es sich in der äußeren Realität als in dieser oder jener Hinsicht wichtig und wertvoll erwiesen hat, sondern erst dann, wenn es den internen Kriterien des Sammelns selbst entspricht.« Boris Groys, Logik der Sammlung. Am Ende des musealen Zeitalters, München und Wien 1997, S. 27.

Morphologie. City Metaphors, 1982

»Bei allen Arbeiten können Sie dieses dialektische Prinzip studieren, das Denken in Gegensätzen. Nicht, um sie aufzulösen, sondern um sie in ihrem Gegeneinander zu ihrem Recht kommen zu lassen.«[1]

Oswald Mathias Ungers unterbricht nach der Planung des Märkischen Viertels seine Arbeit als bauender Architekt so radikal, wie er sie um 1978 mit Projekten wie der Wohnbebauung an der Schillerstraße in Berlin und dem Architekturmuseum in Frankfurt wieder aufgreift. Dazwischen liegt eine ungewöhnlich lange Baupause in der Lebensmitte des Architekten. In dieser Zeit entsteht das wichtigste städtebauliche Werk der deutschen Nachkriegsgeschichte – mit Wettbewerbsbeiträgen, Universitätsstudien, Sommerakademien und Publikationen nähert sich Ungers der Darstellung einer städtebaulichen Theorie. Ungers' umfassende und zugleich tastende Methodik bei deren Formulierung kann als »Ergebnis des Zusammentreffens eines systematischen Willens deutscher Art mit dem angelsächsischen Empirismus«[2] verstanden werden. In der Tat entspricht diese dialektische Vorgangsweise Ungers' Bereitschaft, Architektur und Städtebau als Arbeit mit unaufgelösten Widersprüchen zu verstehen. Erst sehr viel später findet er für seine urbanistische Theorie der zusammenfallenden Gegensätze den synthetischen Begriff der »dialektischen Stadt«.[3]

Der lange Verzicht auf das Bauen folgt dem Prinzip der Reduktion, das uns als beherrschendes Prinzip in Ungers' gesamtem Schaffen begegnet. Reduktion, nicht Akkumulation, ist die Grundlage des Sammelns. Im Gegensatz zur Erfindung, die dem Grundsatz der Mehrung folgt, ist das Sammeln Ausdruck einer Auswahl, die immer auf Reduktion abzielt, indem sie die verfügbare Wirklichkeit nach vorbestimmten Kriterien durch Ausschluss des Nicht-zu-Sammelnden reduziert. Die Sammlung ist eine endliche Anzahl von Elementen, die einander zu einer Konstellation ergänzen. Erst die Schärfe der Auswahl erlaubt die Etablierung signifikanter Beziehungen zwischen den Elementen. Diese Beziehungen verselbstständigen sich zur Struktur der Sammlung, zu einer Logik, die jenseits aller möglichen subjektiven Vorlieben eines Sammlers bestimmen, was der Sammlung angehört und was nicht.[4] Sammeln heißt nicht erfinden, sondern entdecken, freilegen, Bestehendes sichtbar machen und bildet die konzeptuelle Grundlage der

Moderne. »Das Hauptverfahren des Konstruktivismus ist also nicht das Bauen oder das Konstruieren, sondern die zumindest symbolische Vernichtung, Reinigung, Reduktion dessen, was schon gebaut oder konstruiert worden war – nicht das Addieren, sondern das Subtrahieren.«[5]
Die Stadt als Sammlung ist die reduzierte Stadt. Es ist die Stadt der Subtraktion – einerseits im Sinne von Le Corbusiers Plan für Paris die Stadt der partiellen Tabula rasa, in der eine Auswahl signifikanter Monumente durch autoritären Abriss freigestellt und in Beziehung zueinander sowie zu neuen Bebauungen gesetzt wird.[6] Andererseits im Sinne der Situationisten die Stadt der selektiven Wahrnehmung, deren Teile sich zu subjektiven, antiautoritären Psychogeographien ergänzen.[7]

Stadt in der Stadt

1977 schlägt Ungers mit *Die Stadt in der Stadt – Berlin, das grüne Städtearchipel*[8] ein Stadtmodell für Berlin vor, das die gegensätzlichen Entwürfe von Le Corbusier und Guy Debord überlagert: Wie Städte in der Stadt treten Stadtinseln, die durch selektiven Abriss der urbanen Zwischenräume entstehen, einander als Konstellation in einer großen Parklandschaft gegenüber. Das Prinzip der Reduktion wird als Schrumpfungsmodell präsentiert, das einer schwindenden Bevölkerung Westberlins durch Abriss überzähliger Bebauung folgt. Hinter der statistischen Begründung tritt mit dem Verweis auf die Havellandschaft Friedrich Wilhelms IV. das tatsächliche Ziel der Reduktion zutage: die Schaffung einer den Prinzipien der Sammlung folgenden Stadt, die sich analog zum preußischen Arkadien als Kulturlandschaft präsentiert.[9] Im Gegensatz zu Le Corbusiers selektiver Stadt der Monumente und zur Havellandschaft ist das Städtearchipel keine allein hochkulturelle Auswahl, sondern eine Sammlung auch gewöhnlicher Quartiere und Viertel, die dem Alltag durch Auswahl enthoben werden und als Readymades den Weg in die Sammlung finden. Ungers stellt mit diesem Entwurf ein Modell zur Diskussion, das die Synthese seiner 16-jährigen städtebaulichen »recherche patiente« darstellt und sich als zugespitzte Formulierung aller seiner zuvor entwickelten städtebaulichen Ideen erweist.[10]

In elf Thesen wird das Modell der »Stadt in der Stadt«[11] während einer Sommerakademie der Cornell University Ithaca in Berlin erarbeitet und als Grundlage für die in Berlin geplante *Internationale Bauausstellung* der 1980er Jahre präsentiert. Prämisse des Modells ist einerseits die Unmöglichkeit, eine homogene Stadtgestalt durch ergänzende Reparatur wiederzuerlangen, und andererseits die Notwendigkeit, einer zufälligen und chaotischen Stadtauflösung Einhalt zu gebieten.[12] Dabei kann die Stadt nicht als statische, sondern muss als bewegliche Physiognomie verstanden werden.[13] Die Heterogenität der Großstadt als »Überlagerung vieler unterschiedlicher, sich gegenseitig ausschliessender und divergierender Prinzipien«[14] wird sichtbar, indem der Stadtkörper aufgebrochen und als Konstellation von Stadtinseln wie eine komplexe Sammlung strukturiert wird.

Das Städtearchipel, das Berlin als Ausgangspunkt nimmt, sich aber als allgemeines Großstadt-Modell versteht, wendet sich gleichermaßen gegen eine beliebige Vielfalt und gegen eine essentialistische Einheit. Ziel der Reduktion ist nicht die Zurückführung auf Wesentliches oder die

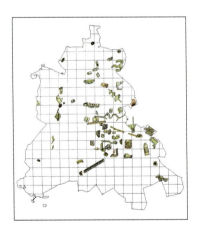

Die Stadt in der Stadt – Berlin, das grüne Städtearchipel, 1977

[5] Boris Groys, »Konstruktion als Reduktion«, ebd., S. 167.

[6] Vgl. Bruno Reichlin, »L'Esprit de Paris«, in: *Casabella*, 531/532, 1987, S. 52 f., oder auch Stanislaus von Moos, »Le Corbusier. The Monument and the Metropolis«, in: *D: Columbia Documents of Architecture and Theory*, Bd. 3, New York 1993, S. 115–137.

[7] Dem projektiven Blick auf die Stadt ist die um 1955 entwickelte situationistische Technik der »dérive« direkt verwandt. In Anlehnung an Guy Debord zeigt sich Paris als wechselnde Konstellation ausgewählter Stadtfragmente in Form einer atmosphärischen Psychogeographie. Die Kartografie dieser Situationen ist nicht Abbild, sondern Interpretation von Stadt aufgrund individueller Erfahrung.

[8] Oswald Mathias Ungers, Rem Koolhaas, Peter Riemann, Hans Kollhoff und Arthur Ovaska, *Das Modell der Stadt in der Stadt – Berlin, das grüne Städtearchipel*, Köln und Ithaca 1977. Rem Koolhaas und Hans Kollhoff, Ungers' Mitarbeiter 1977, haben die »Stadt in der Stadt« in unterschiedliche Richtungen weiterentwickelt: Koolhaas in seinen Großstadtplanungen, Kollhoff in seinen Gebäudegroßformen. Koolhaas nimmt wiederholt darauf Bezug wie in seinen urbanistischen Projekten für Melun-Sénart (1987) oder *Mission Grand Axe la Défense* (Paris 1991). Kollhoff entwickelt die Idee der Großform mit seinem Amsterdamer KNSM-Eiland (1989–1994) weiter bis zu einer Konstellation von Großformen in seinem Projekt Val d'Oise bei Paris (1993). Vgl. Wilfried Kühn, »Archipel Stadt«, in: *Örbanism*, hrsg. von Elise Feiersinger, Wien 2002, S. 11–27.

[9] Vgl. Oswald Mathias Ungers, »The Architecture of Collective Memory«, in: Oswald Mathias Ungers, Hans Kollhoff und Arthur Ovaska, *The Urban Garden. Student Projects for the Südliche Friedrichstadt Berlin. Summer Academy for Architecture 78 in Berlin*, Köln 1979.

[10] Auf dem theoretischen Weg zum Begriff der »dialektischen Stadt« formt Ungers die Idee des Städtearchipels 1990 weiter und reichert sie im nun wiedervereinigten Territorium von Berlin mit einer Ansammlung von unrealisierten Architekturikonen an (unter anderem der Chicago-Tribune-Turm von Loos, das Dreieck-Hochhaus von Mies, der Leuchtturm von Alexandria, die Wolkenbügel von El Lissitzky, der Doppelturm von Leonidov für den Roten Platz, das Bürohochhaus

von Kahn). Damit beschränkt sich seine
Strategie des Readymades nicht nur auf
die Selektion des Vorgefunden, sondern
erweitert sich auf die Architekturge-
schichte. Vgl. *Berlin morgen. Ideen für
das Herz einer Großstadt,* hrsg. von Vitto-
rio Magnago Lampugnani und Michael
Mönninger, Stuttgart 1991, S. 160–167.
Ungers stellt seine Stadtarchipelthese
auch später nochmals umfassend zur
Diskussion. Vgl. Oswald Mathias Ungers,
»Immer noch kein Plan für Berlin«, in:
*Centrum. Jahrbuch für Architektur und
Stadt,* hrsg. von Peter Neitzke und Carl
Steckeweh, Wiesbaden 1994, S. 45–54.

[11] Die wichtigste Grundlage und Quelle
vieler analytischer Zeichnungen zum
Projekt ist Riemanns Masterarbeit an der
Cornell University. Diese umfassende
Kompilation enthält die wichtigsten Abbil-
dungen, die es zum Städtearchipel gibt.
Peter Christian Riemann, *Urban Design
Strategies for Berlin with a Case Study
on Berlin-Südliche Friedrichstadt,* Master-
Thesis, Cornell, Januar 1979.

[12] Die Stadtreparatur hat unter der
Bezeichnung »kritische Rekonstruktion«
seit der IBA die Berliner Stadtplanung
wesentlich bestimmt.

[13] Vgl. Roland Züger, *Elasticity –
Veränderungsprozesse und Planbarkeit
der Stadt,* Diplomarbeit UdK Berlin,
Dezember 2003.

[14] Ungers, Koolhaas, Riemann,
Kollhoff und Ovaska 1977 (wie Anm. 8),
These 4.

Die Stadt in der Stadt – Berlin, das grüne Städtearchipel, 1977

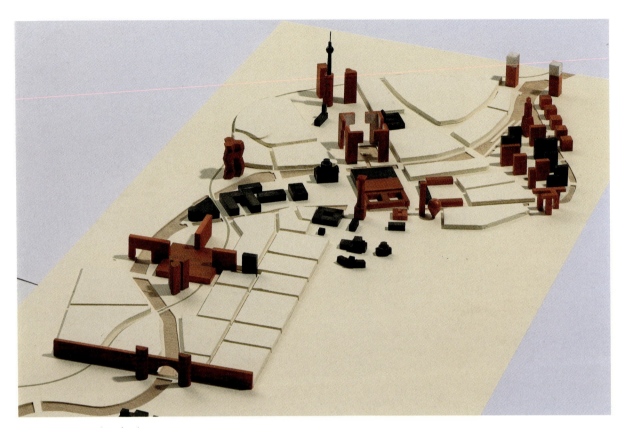

Berlin morgen. Ideen für das Herz
einer Großstadt, 1991

[15] Ungers umschreibt seine Intention mit einem Zitat Blaise Pascals: »Vielfalt, die nicht auf Einheit gründet, ist Verneinung. Einheit, die nicht auf Mannigfaltigkeit beruht, ist Tyrannei«, Pascal zit. n. Oswald Mathias Ungers im Gespräch mit Kuhnert 1986 (wie Anm. 1), S. 32.

[16] Ungers, Koolhaas, Riemann, Kollhoff und Ovaska 1977 (wie Anm. 8), These 5.

[17] Ebd., These 6.

[18] In mehreren Interviews nimmt Ungers Bezug auf seinen Kongressbesuch (vgl. Gespräch mit Heinrich Klotz, in: Heinrich Klotz, *Architektur in der Bundesrepublik. Gespräche mit Günther Behnisch, Wolfgang Döring, Helmut Hentrich, Hans Kammerer, Frei Otto, Oswald M. Ungers,* Frankfurt am Main u. a. 1977, S.63–316; Gespräch mit Kuhnert, 1986, wie Anm. 1) und publiziert später auch dessen Ergebnisse: *CIAM 9. Aix-en-Provence 19–25 Juillet 1953. Contribution à la Charte de l' Habitat,* hrsg. von Oswald Mathias Ungers und Liselotte Ungers, Nendeln 1979.

[19] Zit. n. Alison und Peter Smithson, *Urban Structuring. Studies,* London 1967, S. 18.

[20] Auf dem CIAM-Kongress in Otterlo 1959 erweiterte sich die Diskussion um die Berücksichtigung von lokalen Bedingungen im Entwurf um konkrete Geschichtsbezüge. Die direkten formalen Bezüge auf historische Mailänder Gebäude im Projekt des Torre Velasca von Ernesto Nathan Rogers wurde von Peter Smithson aufs Schärfste kritisiert. Ungers' Sensibilität für die geschichtliche Tiefe des Ortes gründet nicht nur auf diesem direkt mimetischen, sondern vor allem auf einem modellhaften Bezug.

[21] Nachdem Ungers bereits am CIAM-Kongress in Aix-en-Provence 1953 teilgenommen hatte, war er jedoch spätestens seit dem Treffen in Berlin 1965 mit dem Team 10 eng verbunden. Er nahm auch an den Zusammenkünften in Urbino 1966 und Toulouse-Le Mirail 1971 teil und organisierte selber ein größeres Treffen an der Cornell University in Ithaca 1971/72. Auf den späteren Treffen in Berlin 1973 sowie Rotterdam 1974 ist Ungers noch dabei, bewegt sich jedoch weg von den Leitbildern des Team 10 in Richtung Rationalismus.

[22] Reinhard Gieselmann und Oswald Mathias Ungers, »Zu einer neuen Architek-

Ausrichtung an einem Ideal, sondern eine auf Mannigfaltigkeit beruhende Einheit.[15] Es ist ein komplexes Identitätsmodell, das auf zwei sich überlagernden Grundsätzen – der Wahrnehmung des Verschiedenen und dem projektiven Blick – beruht und in zwei entscheidenden Städtearchipel-Thesen Ausdruck findet: These 5: »Der erste Schritt zur Verwirklichung müsste die Identifikation und Selektion solcher Stadtgebiete sein, die identifizierbare Eigenschaften einer Qualität besitzen, die eine Erhaltung und Verdeutlichung rechtfertigen.«[16] These 6: »Für die Bestimmung der stadträumlichen Qualität könnten Modellfälle herangezogen werden, die zu einem anderen Zeitpunkt für eine andere Gegebenheit geplant wurden und vergleichbare typologische Eigenschaften haben.«[17] Diese doppelte Matrix verschränkt die widerstreitenden Ebenen von Situation und Modell, von örtlichem Kontext und universaler Sprache. Identität wird nicht als statisches, sondern als dynamisches Element verstanden, nicht als Zustand, der zu betrachten ist, sondern als zu gestaltende Transformation.

Stadt der Situationen

Auf dem CIAM-Kongress in Aix-en-Provence 1953 wird Le Corbusiers »grille« als verallgemeinerter Filter der urbanen Analyse mit der Aufteilung der Stadt in Wohnen, Freizeit, Arbeiten und Verkehr grundsätzlich in Frage gestellt.[18] Es zeigt sich, zumal durch die erstmals auftretenden Architekten aus nichteuropäischen Ländern, dass diese universalistische Lesart nicht in der Lage ist, spezifische Kontexte zu erfassen. Das aus der CIAM-Krise hervorgehende Team 10 formuliert die grundlegende Kritik an der funktionalistischen Stadtauffas-

tur« (1960), in: Ulrich Conrads (Hrsg.), *Programme und Manifeste zur Architektur des 20. Jahrhunderts,* Basel u. a. 1981, S. 158 f.

23 In diesem Verständnis beachtet er die qualitative Veränderung, die städtebaulichen Belange seiner Konstellationen von Körper und Raum bei einer Maßstabsvergrößerung kaum, was im Projektverlauf des Märkischen Viertels problematisch wird.

24 Ungers beschreibt die Erkenntnis, dass die Umwelt in Körpern und Räumen erfahrbar wird, als »Schock«: »Nachdem ich Sörgel gelesen hatte, sah ich nur noch Körper und Räume, mehr noch, die Realität nahm den Charakter einer Abhandlung an.« Ungers im Gespräch mit Kuhnert 1986 (wie Anm. 1), S. 33. Die Sichtweise Sörgels zum Janusgesicht der Architektur als Dialektik von Körper und Raum beschäftigen Ungers, seit sein Interesse an der Tradition der deutschen Kunstwissenschaft des späten 19. und frühen 20. Jahrhunderts erwacht ist, nachweislich im Projekt Neue Stadt Köln (1961–1964). Vgl. »Zum Projekt ›Neue Stadt‹ in Köln«, in: *Werk,* 50, 7, Juli 1963, S. 281–283, sowie Oswald Mathias Ungers, »Das Janusgesicht der Architektur«, in: ders., *Sieben Variationen des Raumes über die Sieben Leuchter der Baukunst von John Ruskin,* Stuttgart 1985, o. S.

25 Oswald Mathias Ungers, »Erläuterungen zum Projekt Grünzug Süd in Köln«, in: *Team 10 Treffen in Berlin,* Lehrstuhlpublikation Nr. 3, hrsg. von Oswald Mathias Ungers, Berlin 1966. Ungers hatte dort neben seinem Entwurf für Enschede besonders mit seinem Grünzug-Süd-Projekt Aufsehen erregt.

26 Die Ausstellung *This is Tomorrow* (1956) der Londoner Independent Group (unter anderen Richard Hamilton, Nigel Henderson, Eduardo Paolozzi, Alison und Peter Smithson) in London ist eine Manifestation der British Pop Art. Besondere Beachtung verdient der Beitrag *Patio and Pavillion* der vier Letztgenannten. Die Vorstellung des Habitat als Grundlage des Städtebaus wird hier modellhaft als komplementäre Inbesitznahme des Raums durch Architekten und Künstler formuliert. Die nackte Direktheit der Formen und die Verwendung von Gefundenem, von Reyner Banham als »Brutalismus« bezeichnet, steht auch Ungers' situativer Arbeitsweise nahe. Vgl. Wilfried Kühn, »Situationen, Modelle«, in: *Archplus,* 167, 2003, S. 60–64.

sung mit einer Aufforderung zur sorgfältigen Betrachtung spezifischer Umgebungen. 1954 heißt es im *Doorn Manifest:* »To comprehend the pattern of human association, we must consider every community in its particular environment.«[19] Alison und Peter Smithson und die anderen Architekten des Team 10 entwickeln bis zum CIAM-Kongress in Otterlo 1959 eine Reihe struktureller Überlegungen zum Thema des Habitat, um Entwurfsmethoden zu finden, die es ermöglichen, in verschiedenen Situationen jeweils ortsspezifisch, aber nicht vernakulär zu intervenieren.[20] Ungers entwirft in diesem theoretischen Umfeld[21] ein Konzept der Architektur, das auf dem »Eindringen in eine vielschichtige, geheimnisvolle, gewachsene und geprägte Umwelt«[22] aufbaut und die Konfrontation mit konkreten Situationen aktiv sucht.

Mit dem Wettbewerbsentwurf für den Kölner Grünzug Süd schafft Ungers 1962 den Durchbruch zum städtebaulichen Maßstab, ohne damit die Ebene der Architektur zu verlassen. Die Stadt wird darin nicht abstrakt aufgefasst, sondern als direkte Manifestation des Raums, eines wechselseitig bedingten Innen- und Außenraums, in dem Körper und offene Räume in einem kontinuierlichen Spannungsverhältnis stehen. Der Grünzug-Entwurf folgt damit Ungers' zuvor geplanten Bauprojekten, insbesondere der Kölner Neuen Stadt von 1961, in denen der Städtebau bereits als Körper-Raum-Folge erscheint, die Innen- und Außenräume maßstabsübergreifend[23] verbindet. Für die wechselseitige Formung von Körper und Raum, die in der Verschränkung von Innen- und Außenraum Ausdruck findet, hat Ungers sich Sörgels Begriff des »Janusgesichts der Architektur« zu eigen gemacht.[24]

Grundlage des Grünzug-Entwurfs ist eine detaillierte Erfassung lokaler Situationen in einem heterogenen städtischen Umfeld. In einer Serie dokumentarischer Fotografien zeigt Ungers verschiedene vorgefundene Zustände, die nach Themen geordnet werden. Die Sammlungstätigkeit macht gefundene Stadt-Fragmente sichtbar und definiert sie dadurch als lokale Potenziale eines Genius Loci. Dieser wird zur Grundlage einer thematischen Gliederung und dadurch möglichen Beziehungen zwischen den isolierten Teilen. »Die Verwirklichung einer solchen Konzeption verlangt ein subtiles Eingehen auf die Situationen, Strukturen und Gegebenheiten, nicht nur der architektonischen. Der *Grünzug Süd* ist ein Beispiel einer Interpretation an einer bestimmten Stelle. Andere Situationen erfordern andere Lösungen. Es sind jedoch immer Lösungen, die auf den *Genius Loci* Bezug nehmen.«[25] Das vorgefundene Gewöhnliche und Alltägliche der Situationen wird von Ungers zur Grundlage des architektonischen Entwurfs erklärt und nähert sich hierin erkennbar der von den Smithsons postulierten, im Umfeld der Londoner Independent Group entwickelten As-Found-Ästhetik als Ausdruck eines neuen Realismus: Nicht mehr das Erfinden von Neuem steht im Mittelpunkt, sondern das selektive Verwenden vorgefundener, häufig lokaler und nicht hochkulturellen Kontexten entlehnter Formen.[26]

Um 1975 entstehen städtebauliche Wettbewerbsentwürfe, in denen Ungers diesen Kontextualismus weiterentwickelt. Im Projekt für den IV. Ring in Berlin-Lichterfelde (1974) wird die vorhandene großflä-

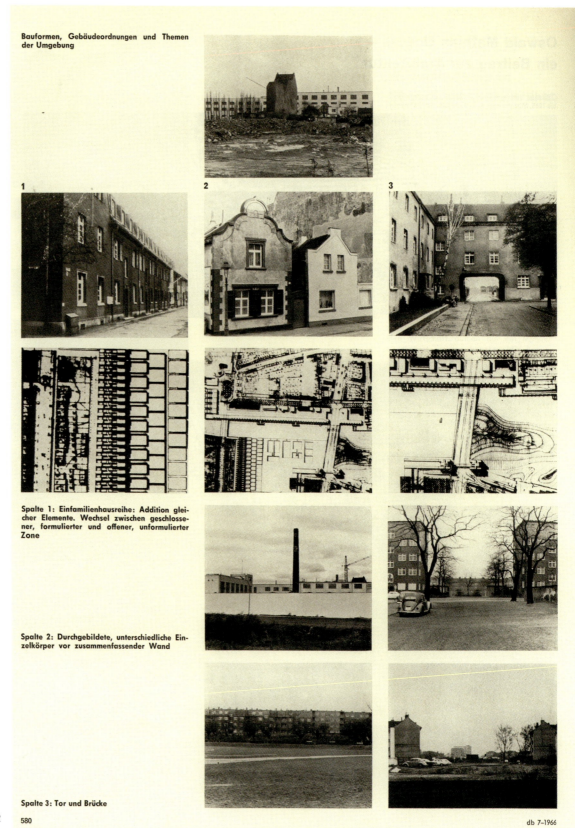

Bauformen, Gebäudeordnungen und Themen der Umgebung

1 2 3

Spalte 1: Einfamilienhausreihe: Addition gleicher Elemente. Wechsel zwischen geschlossener, formulierter und offener, unformulierter Zone

Spalte 2: Durchgebildete, unterschiedliche Einzelkörper vor zusammenfassender Wand

Spalte 3: Tor und Brücke

Wettbewerb Grünzug Süd, Köln, 1962

580

db 7–1966

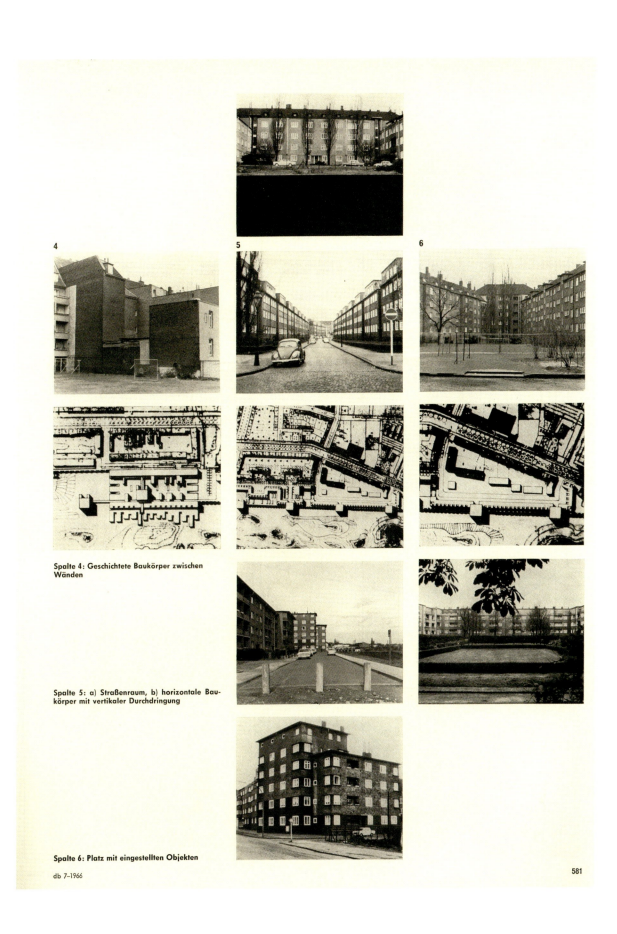

Spalte 4: Geschichtete Baukörper zwischen
Wänden

Spalte 5: a) Straßenraum, b) horizontale Baukörper mit vertikaler Durchdringung

Spalte 6: Platz mit eingestellten Objekten

581

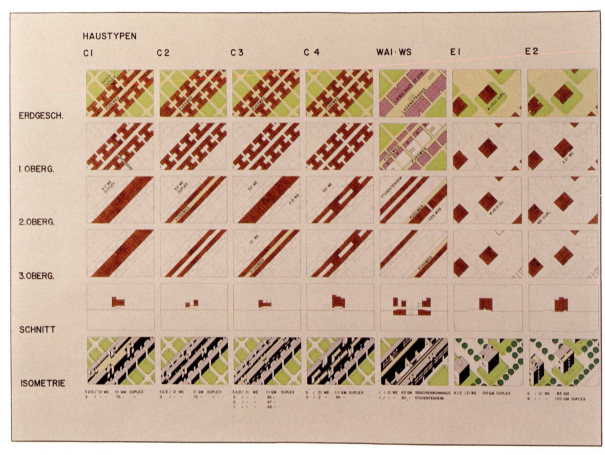

Wettbewerbsentwurf IV. Ring Berlin,
1974

chige Kleingartenkolonie mit ihrem kleinräumigen Wegenetz zum Anlass für einen Bebauungsvorschlag, der exakt auf diesem Grundriss eine
Gebäudeentwicklung in anderem Maßstab vorschlägt und die Zufäl-
ligkeiten der Wege zu Anlässen für situative Entwürfe macht. Die im
Projektgebiet angetroffene Präsenz kleinteiliger Bebauung mit wenigen
punktuellen Großformen einschließlich der zugehörigen Freiräume
wird als »reicher Wechsel an räumlichen Ereignissen« zum Grundka-
pital der Bearbeitung.[27] In dem Entwurf für Roosevelt Island (1975)
dient Manhattan als Fundstätte; dort vorgefundene Themen wie Block-
bildung mit variierenden Höhen im Verhältnis zu einem Zentralpark
werden zum Anlass für eine Gebäudeentwicklung, die wie im Lichter-
felde-Entwurf im Maßstab verändert ist. In der Planung Schlosspark
Braunschweig (1976) wird die Auseinandersetzung mit dem Kontext
präzisiert, indem die gesamte Innenstadt enzyklopädisch kartiert wird:
»Das Stadtbild wurde systematisch nach räumlichen Themen durch-
sucht, aus denen die Stadt zusammengesetzt ist und die in Ansätzen
vorhanden sind.«[28] Ein ausführlicher Katalog der Situationen, plani-
metrisch wie fotografisch dargestellt, bildet einen Abakus der Stadt, in
dem jede Situation thematisch interpretiert wird; beispielhaft die In-
nenstadtzugänge und Radialachsen: »Platzartiger Zugang mit verstellter
Radialachse; Radialachse mit dominierendem Blickfang; Torartiger Zugang mit Platzausweitung; Radialachse mit begleitenden Objekten«.[29]

[27] O. M. Ungers 1951–1984. Bauten und
Projekte, hrsg. von Heinrich Klotz, Braunschweig und Wiesbaden 1985, S. 106.

[28] Ebd., S. 125.

[29] Oswald Mathias Ungers, Städtebauliche Studie für den Bereich zwischen
Schloßpark und Museumspark in Braunschweig, Köln 1976, S. 27.

[30] Oswald Mathias Ungers, Morphologie.
City Metaphors, Köln 1982, Titelbild.

[31] Oswald Mathias Ungers, »Entwerfen
und Denken in Vorstellungen, Metaphern und Analogien«, ebd., S. 8. Zur
Modellhaftigkeit der Beispiele und ihrer
Wirkung als Ausstellung vgl. Wilfried
Kühn, »Tabula Rasa und dergleichen«, in:
UmBau, 18, 2001, S. 51–64. Der Bezug
zur Analogie bei Aldo Rossi, insbesondere seiner »città analoga« liegt auf der
Hand. Rossi hat Ungers' Werk in Italien
bereits 1960 bekannt gemacht. Beide
schöpfen im Entwurfsprozess aus der
Erinnerung und teilen den kuratorischen
Blick für städtische Konstellationen, wie
er Canalettos Gemälden eigen war.

[32] Ungers' Beitrag in der von Hans Hollein kuratierten Ausstellung ist später eigens publiziert in: Ungers 1982 (wie Anm. 30). Vgl. Hans Hollein, *MAN transFORMS. Konzepte einer Ausstellung*, hrsg. von der Hochschule für angewandte Kunst, Wien 1989.

[33] Oswald Mathias Ungers, »Entwerfen und Denken in Vorstellungen, Metaphern und Analogien«, in: Ungers 1982 (wie Anm. 30), S. 7.

[34] Fritz Neumeyer, »Der geflügelte Blick: OMUs City Metaphors«, in: Sieber-Albers und Kieren 1999 (wie Anm. 2), S. 111. Außerdem wird der Bezug einleuchtend durch Ungers' Textbeitrag »Über das Denken und Entwerfen in Bildern und Vorstellungen« im Ausstellungskatalog von Rudolf Schwarz. Vgl. Manfred Sundermann, Claudia Lang und Maria Schwarz (Hrsg.), *Rudolf Schwarz*, Düsseldorf 1981, S. 23–25.

[35] Eine synthetische Darstellung von Ungers' Konzept der Thematisierung erscheint als Zusammenfassung der Recherche seit 1962 in Pierluigi Nicolins Reihe »Quaderni di Lotus«: Oswald Mathias Ungers, *Architettura come tema*, Mailand 1982.

[36] In den Begriffen der Morphologie und der Typologie unterscheiden sich die Ansätze der Italiener wie Aldo Rossi, Carlo Aymonino oder besonders Saverio Muratori im Umfeld des venezianischen Istituto Universitario di Architettura von Ungers' weit gespannter, an Goethe geschulter künstlerischer Auffassung. Rossi kommt über die typologische Forschung zum Entwurf und sucht nach seiner rationalen Grundlage. Das Programm umriss er bereits in seiner Schrift *L'architettura della città* (1966). 1973 veröffentlichte er das Thema explizit als *Architettura Razionale* anlässlich der XV. Mailänder Triennale.

Das Titelbild seines 1982 veröffentlichten Buches *Morphologie. City Metaphors* versieht Ungers mit dem Bild eines geöffneten Auges.[30] Es verdeutlicht den Stellenwert des begehrlichen Sehens für die Vorstellung eines vom Allgemeinen zum Spezifischen verlaufenden, synthetischen Umgangs mit der Wirklichkeit – einer Vision – im Gegensatz zu einem analytischen, messenden, vom Besonderen auf das Allgemeine schließenden Erfassen der Realität.[31] Der Kontextualismus Ungers' wird durch den bewussten kuratorischen Filter dieses projektiven Sehens zu einem sammelnden, das heißt selektierenden, Verfahren, in dem Wirklichkeit, bevor sie dargestellt wird, vorgestellt werden muss. *Morphologie. City Metaphors* ist eine Serie von paarweisen Gegenüberstellungen, die jeweils eine architektonische Erscheinung zusammen mit einem Bild aus völlig anderem Zusammenhang als Analogie zeigen. Diese Bilderserie wurde zuerst im Rahmen der Ausstellung *MAN transFORMS* 1976 im New Yorker Cooper-Hewitt Museum of Design präsentiert.[32] Der begleitende Text »Entwerfen und Denken in Vorstellungen, Metaphern und Analogien« ist Ungers' methodologisches Manifest seiner Entwurfspraxis. »Der Hauptbezug oder die wesentliche Bedeutung ist nicht die Betrachtung der Wirklichkeit wie sie ist, sondern die Suche nach einer übergeordneten Idee, einem allgemeinen Inhalt, einem zusammenhängenden Gedanken oder einem Gesamtkonzept, das alle Teile zusammenbindet.«[33] Die Wirklichkeit erscheint als Vorstellung und kann daher durch Analogien umschrieben werden. Bereits die Wahrnehmung ist Interpretation, bereits die Analyse ist Entwurf. Dies ist das konzeptuelle Denken, das es Ungers um 1960 erlaubte, sich jenseits weltanschaulicher Dogmen direkt mit den realen Gegebenheiten der heterogenen Stadt zu konfrontieren, ohne dabei einem funktionalistischen Instrumentalismus zum Opfer zu fallen. In diesem Zusammenhang ist Ungers' direkte Beziehung zu Rudolf Schwarz zu sehen: »Schwarz war der einzige Architekt, der damals im Zusammenhang mit der Architektur von Bildern sprach«.[34] Der bildhafte Kontextualismus früher Bauten wie des Müngersdorfer Ungers-Hauses wird in der Theoretisierung nach 1962 von einer modellhaften Betrachtungsweise abgelöst, mit der die Stadt in größerem Maßstab erfasst wird. Morphologie, Typologie und das Thematisieren der Architektur[35] werden nun zu den zentralen Inhalten der architektonischen und damit implizit städtebaulichen Praxis Ungers'.[36]

Das »morphologische Entwurfskonzept« findet erstmals im Entwurf für den Grünzug Süd exemplarisch Anwendung. Der fragmentarische, durch Verkehrsachsen in fünf heterogene Gebiete zerschnittene Stadtteil bildet keinen Grünzug im Sinne eines kontinuierlichen Parks. Vielmehr werden sehr unterschiedliche Anlagen – Volksgarten, Sportanlage, Erholungsfläche, Spielplätze, Friedhof – als übergeordneter Grünzug interpretiert und damit latent vorhandene Eigenschaften der Fragmente zu einem Thema überhöht. Komplementär zu den Freiräumen wird entsprechend der Bedingtheit von Körper und Raum die begrenzende Bebauung als Folge von typologischen Fällen aufgefasst und zu zusammenhängenden Themen verarbeitet, die aus dem jeweils vorhanden Fragment durch Vervollständigung eine neue, jeweils eigene

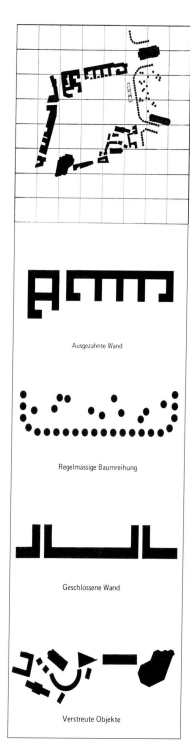

Ausgezahnte Wand

Regelmässige Baumreihung

Geschlossene Wand

Verstreute Objekte

Planung Schlosspark Braunschweig, 1976

AXONOMETRIC

Städtebaulicher Wettbewerb Roosevelt Island, New York, 1975

[37] »Oswald Mathias Ungers. Ein Beitrag zur Architektur – Grünzug Süd, Köln«, in: *Deutsche Bauzeitung*, 7, 1966, S. 580 f.

[38] »Entwerfen hat zwei Realitätsebenen: die geplante und die ungeplante, zufällige, überraschende, nicht vorher gewußte. Die erste definiert und interpretiert die Aufgabe generell; die andere arbeitet mit architektonischen Mustern und Regeln und Strategien und bringt die besondere Lösung hervor.« Oswald Mathias Ungers, in: François Burkhardt, *Fünf Architekten zeichnen für Berlin,* Berlin 1979, S. 97.

[39] Ungers 1979 (wie Anm. 9).

Gestalt gewinnen: »Durchgebildete unterschiedliche Einzelkörper vor zusammenfassender Wand«, »Tor und Brücke«, »Straßenraum«, »Geschichtete Baukörper zwischen Wänden«, »Platz mit eingestellten Objekten; einer der zentralen Blöcke wird als ›Citadelle‹ thematisiert und dadurch auch auf der assoziativen Ebene über die programmatischen Funktionen hinaus als urbane Einheit behandelt.«[37] Das morphologische Konzept ist 1965 in zwei Wettbewerbsbeiträgen Grundlage einer städtebaulichen Behandlung der Architektur. Die Deutsche Botschaft beim Heiligen Stuhl in Rom und die Museen Preußischer Kulturbesitz in Berlin werden als zusammengesetzte Gebäudekonstellationen konzipiert, die in ihren verschiedenen Teilen unterschiedliche Themen deklinieren: »Atriumhaus«, »Amphitheater«, »Stoa« im Entwurf für die Botschaft, »Scheune«, »Römischer Block«, »Technologischer Block«, »Herausgenommener Innenhof«, »Zwei verschmolzene Blöcke« im Entwurf für die Museen.

Das synthetische Projekt des Städtearchipels (1977) wird in den Wettbewerben um 1975 zum einen durch die Interpretation von Stadtquartieren als Stadtinseln und zum anderen durch die typologische Konzentration auf Stadtblock und Stadtvilla vorbereitet. Der Wettbewerbsbeitrag für das Berliner Gebiet Landwehrkanal-Tiergartenviertel (1973) nimmt das Modell der heterogenen Sektoren des Projekts Grünzug Süd auf und verstärkt diese zu morphologisch differenzierten Stadtinseln: Das zu entwickelnde »City-Band« wird nicht durch lineare, homogenisierende Elemente konzipiert, sondern als Konstellation von fünf sehr unterschiedlichen Interventionen, die »Städte in der Stadt« erzeugen. Jedes der fünf heterogen strukturierten Gebiete erhält ein die jeweilige Struktur überhöhendes beziehungsweise komplementär ergänzendes Thema, das eigenständige Morphologien schafft. Im Entwurf *Stadt in der Stadt – Berlin, das grüne Städtearchipel* kann Ungers das Verfahren der »Bilder und Vorstellungen« dann demonstrativ anwenden, indem wie in *City Metaphors* Analogien als typologische Modellfälle direkt als analoge Leitbilder der ausgewählten Stadtinseln herangezogen werden: die radiale Idealplanung Karlsruhes für die Südliche Friedrichstadt, der Central Park in Manhattan für das Gelände des ehemaligen Görlitzer Bahnhofs; die Barockstruktur Mannheims für die Schlossstraße; die Magnitogorsk-Planung Leonidovs für das Gebiet Unter den Eichen. Die vorgefundene Situation und Entwurfsaufgabe erhält durch die Überlagerung mit einer modellhaften Analogie eine zweite, synthetische Ebene,[38] durch die ein komplexer Kontextualismus entsteht: kein Weiterbauen, Reparieren, Vervollständigen des Vorgefundenen, sondern ein Überhöhen und Überlagern des Bestands. Ungers will sammeln und nicht gesammelt werden: Im Gegensatz zu regionalistischen Bestrebungen sollen nicht Identitäten konserviert werden, sondern es soll die Sammlung selbst zur Identität werden. In diesem Sinn werden Block und Villa als wandelbare Grundtypologien komplementär eingesetzt, um das jeweilige morphologische Spektrum zu erweitern. Exemplarisch wird die von der IBA in Blockbauweise homogenisierte Südliche Friedrichstadt von Ungers als typologisch heterogener »Urban Garden«[39] in Analogie zum Idealplan Karlsruhes

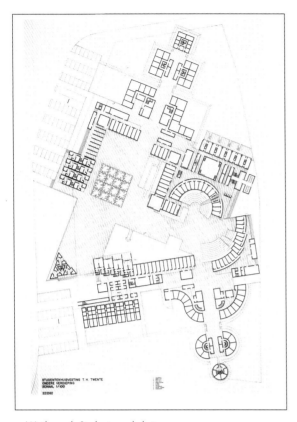

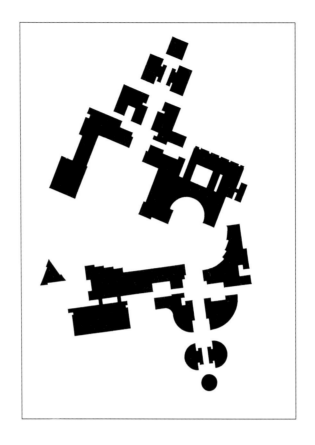

Wettbewerb Studentenwohnheim
TH Twente, Enschede, Grundriss
und Schwarzplan, 1964

Stadt der Transformationen

entwickelt. Darin scheint es der Interpretation dieses Stadtgebiets als
großer Park durch die Smithsons in ihrem Projekt *Berlin Open City
Mehringplatz* von 1962 nicht unähnlich: »Berlin has what every other
city in the world is beginning to wish it had – an open centre. [...] An
open city is nothing to be afraid of. Aristocratic cities in the past were
like that – Jaipur or Karlsruhe for example.«[40]

»The city of the *collective memory* [...] has yet to be realized. As of now it
only exists in gardens built as cities, in which the recollection of places
is meant to be the creative idea; this is the case in the *Schloßpark Glienicke* – conceived and executed by Schinkel, Lenné and their contem-
poraries.«[41] Ungers macht die landschaftlichen und städtebaulichen
Entwürfe Karl Friedrich Schinkels zum Modell seiner situativen Entwurfspraxis. Auf drei Ebenen wird die Situation bei Schinkel interpretiert: als Ort der Erinnerung, als Raumkonstellation und als morpholo-
gisches Ereignis. Die Überlagerung dieser drei Ebenen findet Ungers in
seiner thematischen Suche synthetisch in der römischen Hadriansvilla
in Tivoli wieder, die Modell sowohl der architektonischen Entwürfe
um 1965 als auch der städtebaulichen Entwürfe um 1975 wird. Gebäude und Garten zugleich, folgt die Hadriansvilla dem Prinzip der
Sammlung: Ausgewählte Landschaften, Städte und Architekturen der
antiken Vorbilder sind dort gemeinsam mit Arena, Therme, Theater,
Stadion, Bibliothek und so weiter zu einer Anlage verbunden, die einer
heterotopen Ordnung der Mannigfaltigkeit folgt. In dieser Ordnungs-
vorstellung sind die beiden dialektischen Strategien lesbar, die Ungers'

[40] Alison und Peter Smithson, »Berlin: The
Open City«, in: Smithson 1967
(wie Anm. 19), S. 80 ff.

[41] Ungers 1979 (wie Anm. 9).

42 Vgl. Ungers und Vieths 1999
(wie Anm. 3).

43 Ungers im Gespräch mit Klotz 1977
(wie Anm. 18), S. 292. Zum Paradox
der ornamentalen Qualität der ratio-
nalistischen Entwurfsgrammatik vgl.
Wilfried Kühn, »Transformations«, in:
L'Architecture d'Aujourd'hui, 333, 2001,
S. 104 f.

44 Vgl. Kasimir Malewitsch, »Suprematis-
mus, in: ders., Die gegenstandslose Welt
(1927), Mainz und Berlin 1980; Oswald
Mathias Ungers, »Über das Recht der Architektur auf eine autonome Sprache«, in:
Jürgen Joedicke (Hrsg.), Architektur der
Zukunft, Zukunft der Architektur, Stuttgart
1982, S. 114–132.

45 Die zwischen Manfredo Tafuri und
Peter Eisenman beziehungsweise dem
Istituto Universitario di Architettura di
Venezia (IUAV) und dem Institute for
Architecture and Urban Studies (IAUS)
in New York geführte Rationalismus-Dis-
kussion liefert ab Mitte der 1970er Jahre
wichtige Anstöße für eine vom Ballast
des Semantischen befreite konzeptuel-
le Architektur.1979 veröffentlichte
Eisenmans IAUS das Buch Aldo Rossi
in America: 1976–1979, 1981 O. M.
Ungers. Works in Progress. Auf vielfältige
Weise sind Ungers und sein Umfeld damit
verknüpft: Eisenman sprach auf Ungers'
Sommerseminar 1978 in Berlin. Rem
Koolhaas, Mitarbeiter von Ungers und
Mitverfasser des Städtearchipels, war
1973–1979 Visiting Fellow am IAUS.

Der Aufsatz ist in Zusammenarbeit mit
Roland Züger entstanden.

städtebauliche Praxis auszeichnen: das Konzept komplementärer, auch widersprüchlicher Orte sowie das Konzept des Palimpsests, der sich überlagernden Interventionen.[42] Ungers' antihistoristische Verwendung des Modells wird in dessen unmittelbarer Anwendung auf die heterogene zeitgenössische Stadt wie im Entwurf Landwehrkanal-Tiergartenviertel und im grünen Städtearchipel deutlich. Entscheidend für die Relevanz dieser Strategien ist ihre raum-zeitliche Konzeption: urbane und architektonische Form nicht als statischer Entwurf, sondern als fortgesetzte Transformation.

Eine konkrete Demonstration morphologischer Transformation schafft Ungers mit dem Entwurf für ein Studentenwohnheim in Enschede (1964). Anstelle einer optimierten, seriellen Wiederholung von 500 Studentenwohnungen ist der Entwurf in Einzeltypen vom individuellen bis zum kollektiven Wohnen gegliedert. Dieses Konzept der Mannigfaltigkeit findet eine formale Entsprechung in der geometrischen Disposition und Kombinatorik, die aufbauend auf Quadrat, Kreis und Dreieck als Prototypen der idealisierten Einzelwohnung zu Aggregationen verschiedener Art bis zu komplexen Typologien gelangt und dabei immer den Freiraum als direkte Körper-Raum-Form mitbestimmt. Es ergeben sich morphologische Reihen, in Bewegung gebrachte Transformationen von Durands Précis, die in urbane Themen umschlagen: »der Einzelkörper, der frei in der Landschaft steht, der gerichtete Körper, der die Straße definiert, und der Baukomplex, der den Platz bildet«.[43] Die sich theoretisch ins Endlose fortsetzende Kombinatorik wird von Ungers an einer Stelle vorläufig angehalten und in einem modellhaften Entwurf fixiert, der in seinem Grundriss an die Anlage der Hadriansvilla erinnert – ein Projekt, das als Konstellation komplementärer Orte und als Palimpsest lesbar ist. Die geometrischen Grundformen, insbesondere das von Ungers in allen Entwürfen verwendete Quadrat, erweisen sich gleichfalls als eine Form der selektiven Reduktion, als Ergebnis eines Sammelns, das nicht essentialistisch ist, da nicht die isolierte Form, sondern ein formaler Relationismus das Ziel ist. Die gegenstandslose und autonome Form[44] ist eine Absage an jegliche Semantik, Symbolik und Bedeutung.[45] Vielmehr wird deren situativer Gebrauch in verschiedenen Kontexten erst möglich durch die syntaktisch reduzierte, mannigfaltige Morphologie.

Galerie der Gegenwart, Erweiterung
der Hamburger Kunsthalle, 1996

Eine geistige Akropolis

Die Museumsprojekte

Andres Lepik

[1] Josef Paul Kleihues, Einleitung, in: *Dortmunder Architekturausstellung 1979. Museumsbauten, Entwürfe und Projekte seit 1945* (*Dortmunder Architekturhefte*, 15), Ausst.-Kat. Museum am Ostwall, Dortmund 1979, S. 6.

[2] Neuere Überblicksdarstellungen sind Victoria Newhouse, *Wege zu einem neuen Museum. Museumsarchitektur im 20. Jahrhundert*, Ostfildern-Ruit 1998; *Museen für ein neues Jahrtausend. Ideen, Projekte, Bauten*, hrsg. von Vittorio Magnago Lampugnani und Angeli Sachs, Ausst.-Kat. Hessenhuis, Antwerpen, u. a., München u. a. 1999; *Museen im 21. Jahrhundert. Ideen, Projekte, Bauten*, hrsg. von Suzanne Greub und Thierry Greub, Ausst.-Kat. K20 Kunstsammlung Nordrhein-Westfalen, Düsseldorf, u. a., München u. a. 2006.

[3] So etwa Julius Posener über Mies van der Rohes Neue Nationalgalerie in Berlin. Julius Posener, »Absolute Architektur. Kritische Betrachtung der Berliner Nationalgalerie«, in: *Neue Rundschau*, 1, 1973, S. 95.

[4] Vgl. Winfried Nerdinger, »Vom Kunsttempel zum Eventcenter. Kunstvermittlung durch Museumsarchitektur im Spiegel der Kunstrezeption«, in: *Die Zukunft der Alten Meister. Perspektiven und Konzepte für das Kunstmuseum von heute*, hrsg. von Ekkehard Mai, Köln u.a. 2001, S. 53–71.

Der Bautyp Museum hat seit Ende des Zweiten Weltkriegs international eine Erfolgsgeschichte ohnegleichen durchlaufen und ist in seiner öffentlichen Wahrnehmung zu einer Art Königsdisziplin der Architektur aufgestiegen. Josef Paul Kleihues brachte es schon 1979 anlässlich der Dortmunder Architekturtage auf den Punkt: »Für den Architekten stellt die Planung von Museen so etwas wie den letzten Freiraum für die Übung des Entwerfens mit ›künstlerischen‹ Ambitionen dar«[1]: Bei der Planung von Museen entsteht zwischen dem künstlerisch ambitionierten Gehäuse und dem »reinen« Kunstwert der gezeigten Objekte ein konzeptionelles Spannungsverhältnis, das unterschiedlichste architektonische Reaktionen zulässt. Trotz der beinahe unüberschaubaren Zahl neuer Museumsbauten in den letzten Jahrzehnten[2] lassen sich dabei zwei Tendenzen ausmachen: auf der einen Seite die so genannten »signature buildings«, die Bauten also, die wie Frank Gehrys Guggenheim Museum in Bilbao oder Daniel Libeskinds Jüdisches Museum in Berlin den Kunstanspruch auf die Gesamtform übertragen. Diese Bauten avancieren zu architektonischen Skulpturen und machen es damit den darin gezeigten Objekten nicht leicht. Seit Frank Lloyd Wrights Guggenheim-Spirale in New York stehen diese Museen in der andauernden Kritik einer mangelnden Funktionalität und zugleich unter dem Verdacht, dass ihre Schöpfer mit diesen Bauten ganz selbstsüchtig »absolute Architektur« auf Kosten des Inhalts verwirklichen wollen.[3]

Auf der anderen Seite des Spektrums finden sich die eher zurückhaltenden, mehr oder minder minimalistischen Bauten, wie etwa Renzo Pianos Fondation Beyeler in Riehen/Basel oder Peter Zumthors Kunsthaus in Bregenz, die als »Kunst-Container« ihre architektonischen Ausdrucksmittel stark zurücknehmen und damit den in ihnen gezeigten Kunstwerken und den sich wandelnden Präsentations- und Ausstellungskonzepten eine »neutrale« und zugleich flexible Umgebung bereitstellen.[4] Je stärker sich die Konkurrenz zwischen beiden Typologien als Entweder-oder ausprägt, desto mehr unterliegt jeder neue Wettbewerb für den Bau eines Museums dem Bekenntniszwang für die eine oder andere Richtung. Gerade daher lohnt der Blick auf die Museumsprojekte von Oswald Mathias Ungers, der es geschafft hat, sich einer Zuordnung an einen der beiden Pole weitgehend zu entziehen.

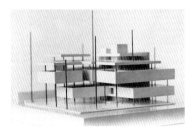

Kunsthalle Düsseldorf,
Wettbewerbsentwurf, 1960

Von den insgesamt über 25 Museumsprojekten, die Oswald Mathias Ungers seit 1960 geplant hat, konnte er mit dem Deutschen Architekturmuseum in Frankfurt am Main (1979–1984), der Erweiterung der Hamburger Kunsthalle (1986–1996) und dem Wallraf-Richartz-Museum in Köln (1996–2000) drei bedeutende Museumsneubauten im öffentlichen Auftrag realisieren. Und berücksichtigt man auch noch Ungers' ausgeführte Bauvorhaben im Zusammenhang mit archäologischen Fundstätten wie die Neugestaltung des Konstantinplatzes (1981–1983) und das Thermenmuseum (1988–1996) in Trier sowie die für Museumszwecke geplanten Erweiterungen und Renovierungen im Bestand wie den Kunstpalast in Düsseldorf (1995–2000) und die noch in Planung befindliche Erweiterung und Instandsetzung des Pergamonmuseums in Berlin (seit 2000), so erweist sich Ungers als der wahrscheinlich fruchtbarste deutsche Museumsarchitekt in der zweiten Hälfte des 20. Jahrhunderts.[5]

Eine Geschichte aller Planungen, die Ungers im Auftrag von Kunst und Kultur entworfen hat, böte Stoff für eine ausführliche architekturhistorische Darstellung. Doch bereits ein kurzer Überblick rückt wesentliche Grundelemente seiner Museumsplanungen und damit seine besondere Positionierung als Architekt der Kunst ins Auge. So gibt es in vielen seiner Projekte Spannungsfelder, die er ganz bewusst im Sinne der Coincidentia oppositorum anlegt und thematisiert. Da ist zum einen die beständig wiederkehrende, intensive Auseinandersetzung mit der Geschichte und demgegenüber der Ansatz, dieses Geschichtsverhältnis nicht wörtlich, sondern auf einer höheren Ebene, der Ebene der architektonischen Grundprinzipien, zu reflektieren. Gerade in der unbeirrbaren Selbstausrichtung auf architektonische Ewigkeitswerte konnte Ungers daher (nicht nur mit seinen Museumsprojekten) architektonische Moden wie die Postmoderne erfolgreich umschiffen.[6] Und zum anderen ist da der tiefe Respekt des Architekten vor der Kunst, die für ihn als leidenschaftlichen Sammler nie »Museumsware«, also abstraktes Gegenüber, ist, sondern immer auch ein Gegenstand des intellektuellen Engagements und des sehr persönlichen Umgangs. Wobei der klassische Paragone zwischen den Kunstgattungen aus Ungers' Sicht allerdings immer von der Architektur gewonnen wird. Als ein weiteres elementares Spannungsfeld seiner Museumsplanungen erweist sich seine intensive, doppelgesichtige Auseinandersetzung mit dem jeweiligen Ort – einerseits sucht er die produktive Auseinandersetzung mit den jeweils umgebenden Strukturen, andererseits streben seine Projekte immer zugleich auf eigenständige Wirkung, ohne sich jedoch in autonome Skulpturen zu verwandeln.

Zu einer größtmöglichen Freiheit

Die ersten architektonischen Projekte, in denen sich Ungers der Kunst zuwandte, sind die beiden Wettbewerbsbeiträge für das Römisch-Germanische Museum in Köln und die Kunsthalle in Düsseldorf aus dem Jahre 1960. Beide gehören auch zu den Bauten und Projekten, die er selbst mit an den Anfang des offiziellen Werkverzeichnisses stellt.[7] In beiden Baubeschreibungen erläutert Ungers präzis die städtebauliche Komponente, deren er sich bei allen Museumsplanungen immer bewusst ist. Doch zugleich strebt er auch hier schon an, »trotz einer weit-

[5] Seine Wohnhäuser sind hier auszunehmen. Sie sind zwar Schatzhäuser seiner privaten Kunstsammlung, nehmen aber keine öffentliche Funktion wahr.

[6] Dass Heinrich Klotz, der erste Direktor des Deutschen Architekturmuseums, Ungers der Postmoderne zuschlug, ist daher recht unverständlich, vgl. Heinrich Klotz, *Moderne und Postmoderne. Architektur der Gegenwart, 1960–1980*, Braunschweig und Wiesbaden 1984, S. 215 f.

[7] Vgl. *Oswald Mathias Ungers. Architektur 1951–1990*, Stuttgart 1991, S. 242.

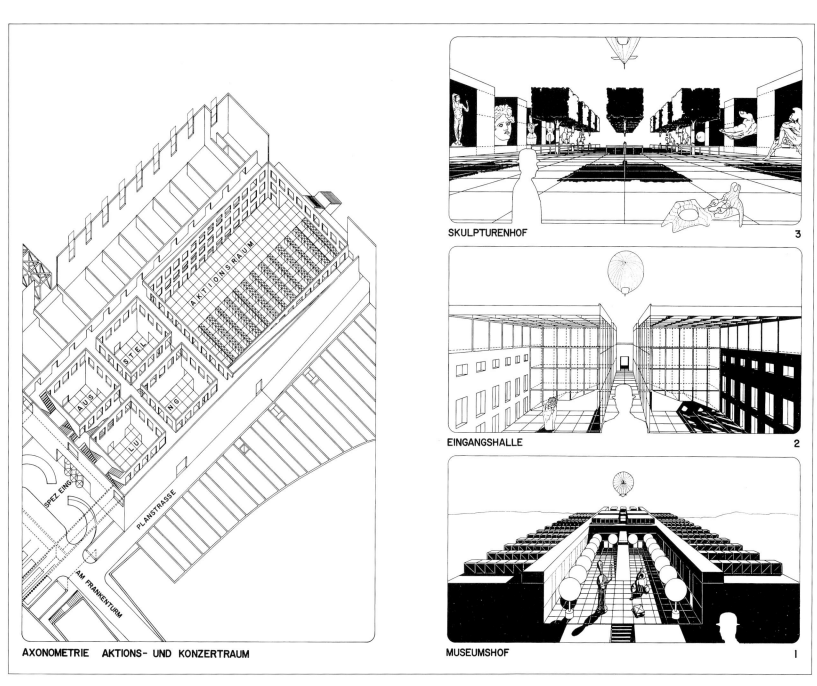

AXONOMETRIE AKTIONS- UND KONZERTRAUM

SKULPTURENHOF 3

EINGANGSHALLE 2

MUSEUMSHOF 1

Wallraf-Richartz-Museum, Köln, Wettbewerb, 1975

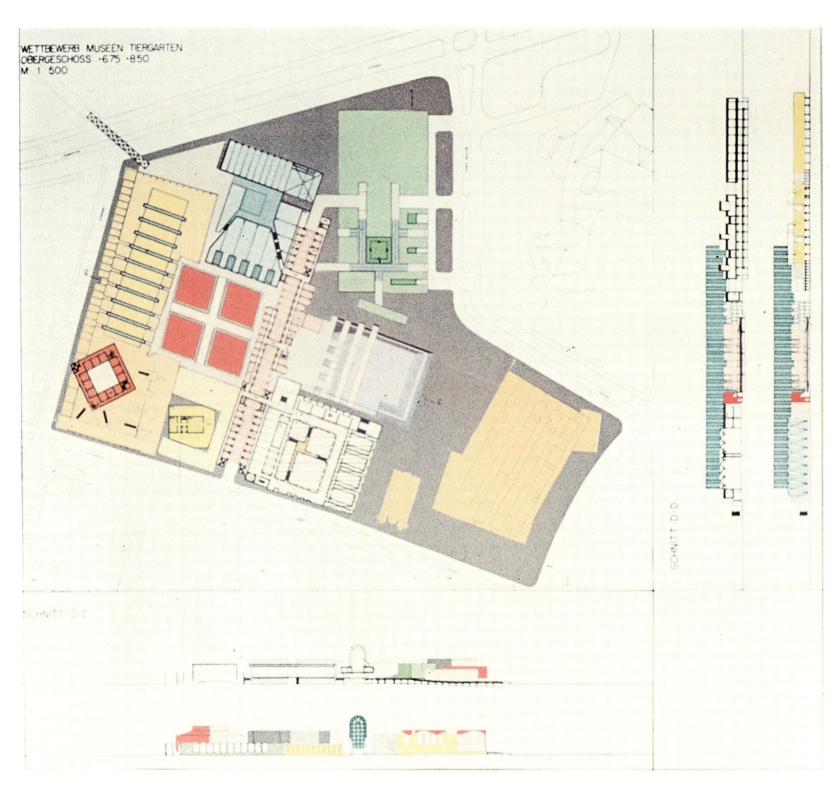

Museen Preußischer Kulturbesitz, Berlin, Wettbewerb, 1965

[8] Oswald Mathias Ungers, *Kunsthalle Düsseldorf,* Erläuterungsbericht, WV 20, Archiv Ungers, Köln.

[9] Vgl. »Wir bauen eine Garage mit Kunsthalle ... Aus dem Programm des Landesbauwettbewerbs Kunsthalle Düsseldorf«, in: *Bauwelt,* 52, 1, Januar 1961, S. 14–17.

[10] Oswald Mathias Ungers, *Römisch-Germanisches Museum,* Baubeschreibung, WV 19, Archiv Ungers, Köln.

[11] Erfreulicherweise sind seit kurzem seine »Berliner Vorlesungen« von 1964/65 publiziert, die sich grundsätzlich mit dem Museumsbau befassen: *Archplus,* 179, Juli 2006.

[12] Beim Gutachterverfahren für das Kulturforum von 1983 kehrte der Ordnungsgedanke für dieses Terrain in stärkerer Form wieder, als Ungers in Arbeitsgemeinschaft mit Max Dudler die stadträumliche Ordnung aus der Geometrie der Neuen Nationalgalerie ableitete. Vgl. Robert Frank, »Das Kulturforum – ein unvollendetes Projekt«, in: *Platz und Monument. Die Kontroverse um das Kulturforum Berlin 1980–1992,* Berlin 1992, S. 81.

gehendst festgelegten Situation zu einer größtmöglichen Freiheit zu gelangen«.[8] Da ist also auf der einen Seite der hohe Respekt vor dem Ort, vor der Stadt und vor der Aufgabe formuliert, aber zugleich dringt hier auch schon der selbstbewusste Wille zu einer »Freiheit« außerhalb der bloßen Sachzwänge durch, wie etwa die Festlegung des Stützenrasters einer bereits geplanten Tiefgarage.[9] Wenn Ungers in der Baubeschreibung zum Römisch-Germanischen Museum bereits einen »künstlerisch gestalteten, plastischen Fries oder ein Mosaik« an der Fassade vorschlägt, mit dem »die inhaltliche Bedeutung des Museums bereits von außen erkenntlich« ist,[10] so verblüfft, dass er genau diese Idee 40 Jahre später und räumlich gar nicht so weit entfernt am Wallraf-Richartz-Museum mit den Feldern von Ian Hamilton Finlay umsetzt. Das ist nicht der einzige weite Bogen in einem Werk, das von Anbeginn an auf einen langen konzeptionellen Atem hin angelegt war.[11]

Der Wettbewerbsentwurf für die Museen am Tiergarten der Stiftung Preußischer Kulturbesitz von 1965 zeigt einen starken Entwicklungssprung in der Verdichtung des architektonischen Konzepts. Das Kulturforum war nach dem Bau der Mauer als ein zeitgemäßes Pendant Westberlins zur Museumsinsel angelegt worden. Unmittelbar nach den Planungen für das Studentenwohnheim in Enschede entstanden, enthält der Wettbewerbsentwurf eine Vielzahl unterschiedlicher Formen und Raumkonzepte, eine Art morphologischen Atlas, wobei allerdings die runden Formen ausgeblendet sind. Auf die Vielzahl der geplanten Sammlungen antwortet Ungers mit einer Vielzahl von Raumkonzepten. Der überzogenen Monumentalität der gestellten Aufgabe (sieben Einzelmuseen in einem Komplex) begegnet Ungers grundsätzlich mit einer besonnenen Haltung. Er macht aus dem Baukomplex eine Stadt in der Stadt und bringt so ein Konzept ein, das er auch andernorts verfolgte. Mit der großen, durchgehenden Galerie gibt Ungers dem vielteiligen Komplex ein strukturelles Rückgrat. Diese Idee konnte er später an der Frankfurter Messe in die Wirklichkeit umsetzen. Ein besonders wichtiger Aspekt an dem Museumskonzept ist, dass Ungers die historische Fragmentierung der Stadt Berlin bewusst in seinen Entwurf einbezieht, indem er die von ihm selbst angelegten Ordnungsachsen immer wieder durchbricht. Fragmentierung macht Ungers hier zu einem übergeordneten Thema des Projekts, ohne zugleich auf die konkreten Wurzeln derselben einzugehen.[12]

Erst zehn Jahre später, 1975, folgte das nächste Museumsprojekt, und noch einmal war es Köln, wo sich Ungers am Wettbewerb für das Wallraf-Richartz-Museum beteiligte. Mehr noch als schon beim Wettbewerb für das Kulturforum in Berlin versuchte Ungers aus dem Wettbewerbsentwurf für ein Museum eine städtebauliche Gesamtidee herauszuschlagen, die nach mehreren Seiten über das eigentliche Wettbewerbsgelände hinauswies und dabei ordnende Kräfte über den eigentlichen Ort der Planung hinaus entfalten sollte. Nach der Lehrerfahrung in den USA war dies eine Konsequenz seiner gereiften Ansätze. Auch hier findet sich, wie schon in Berlin, der Gegensatz von klaren räumlichen Ordnungsmustern und ihrer gleichzeitigen Brechung. Aus dem Thema der Kunst heraus gewann Ungers das Motiv, seine Plan-

Deutsches Architekturmuseum, Frankfurt am Main, Ansicht vom Mainufer, 1984

Deutsches Architekturmuseum, Frankfurt am Main, Haus im Haus

zeichnungen mit Figuren aus der Bildwelt von de Chirico und Magritte zu bevölkern. Mit der Ausweitung der Kunstzone vom musealen Innenraum in den architektonischen Außenraum macht Ungers seine Architektur zu einer Bühne der Kunst.[13]

Nach dem nicht ausgeführten Museumsentwurf für das Schloss Morsbroich von 1976 gelang Ungers mit dem Deutschen Architekturmuseum in Frankfurt am Main die Errichtung seines ersten repräsentativen Museumsbaus in Deutschland (1979–1984). Dass er als sein erstes Museum gerade das Deutsche Architekturmuseum realisieren konnte, war ein wichtiger Erfolg. Auch wenn sein entscheidender architekturtheoretischer Traktat *Die Thematisierung der Architektur* erst vier Jahre später erschien,[14] ist dieser Bau in einigen Aspekten bereits ein Vorgriff darauf.

Der am Frankfurter Museumsufer vorgegebene herrschaftliche Altbau des 19. Jahrhunderts wurde für die neue Funktion komplett entkernt und sein umgebendes Gartengrundstück in der vollen Ausdehnung zum Gegenstand der Planung gemacht. Ungers verfolgt darin keine »kritische« oder sonstige Rekonstruktion, sondern eine Architektur als Architektur. Das Thema des architektonischen Konzepts ist – der zugedachten Aufgabe eines Architekturmuseums entsprechend – das Haus im Haus oder, wie Ungers es in *Die Thematisierung der Architektur* nennt, die »Puppe in der Puppe«.[15] Der Außenraum des alten Hauses wird auf der Straßenebene bereits zum Innenraum für die Museumsplanung und der Innenraum zur Hülle eines weiteren Hauses. Jede Raumzone verweist auf die nächste, das Außen auf das Innen und umgekehrt. Dieser ins Unendliche gerichtete Verweischarakter wird durch die strenge Ordnung des quadratischen Rasters und die genau kalkulierte Abstufung der Materialität innerlich zusammengehalten. Die Raumstufung beginnt mit Steinverkleidung im Außenbereich, wechselt auf Putz und Stein und kommt auf die reine verputzte Wand im Innenbereich. Das alte Haus wird zum materiellen Objekt des Museums und bietet selbst Hülle und Schutz für das eingestellte innere Haus. Im Gartenbereich findet sich noch einmal der aus Quadraten zusammengesetzte Kubus als Negativform, in ihm steht ein Baum,[16] der den Verweis auf den abstrakten architektonischen Raum ins Konkrete zurückholt. Aus den Zwischenräumen der konzeptionellen Schichten bilden sich die eigentlichen Museumsräume. Der Gang durch dieses Haus überrascht durch die starke konzeptionelle Kraft der Grundidee und die spannenden Variationen der enthaltenen Räume auf den vier Ebenen. Gleichwohl zeigt sich, dass Ungers bei der konsequenten Umsetzung des architektonischen Konzepts nur wenige Kompromisse mit den funktionalen Anforderungen eines Museumsbetriebs einging.

Im Vergleich zum Architekturmuseum fand Ungers für die Erweiterung der Hamburger Kunsthalle eine andere planerische Ausgangslage vor. Nach dem Altbau von 1863–1869 und der ersten Erweiterung von 1919 in Richtung Hauptbahnhof stand nun ein Erweiterungsbau für die Kunst der Gegenwart in Richtung Alster an, der mit den beiden Vorgängern im Inneren jedoch räumlich und funktional zu verknüpfen war. Indem Ungers das neue Projekt mit einer quadratischen Platz-

Deutsches Architekturmuseum,
Frankfurt am Main, Innenhof mit Kastanie

[13] Die Figurinen nach Magritte setzte Ungers dann auch in der Ausstellungsgestaltung von *City Metaphors* (1982) ein.

[14] Oswald Mathias Ungers, *Die Thematisierung der Architektur,* Stuttgart 1983.

[15] Ebd., S. 55. Damit kehrt er sozusagen das Prinzip des »Haus als Stadt« wie im Entwurf für das Kulturforum um.

[16] Diese für das Konzept so wichtige Kastanie musste 2005 wegen Sturmschadens leider gefällt werden.

[17] Man fühlt sich in der Doppelung der quadratischen Anlage hier an das Projekt des Kulturforums erinnert, vgl. Anm. 12.

[18] Eine Vorstudie zeigte dies noch deutlicher, vgl. Paul von Naredi-Rainer, *Entwurfsatlas Museumsbau,* Basel u. a. 2004, Abb. S. 75 oben.

anlage, die eine exakte Wiederholung der Grundfläche des Neubaus darstellt, räumlich gegen die ersten Bauten abrückte, gelang es ihm, den Neubau stadträumlich als weitgehend eigenständige Architektur auszuprägen.[17] Über den schräg anlaufenden roten Granitsockel wird der Baukörper gegen die Straßenzone abgehoben, bleibt aber durch die Umfassung mit den beiden Vorgängerbauten klar verbunden.

Im Inneren kehren räumliche Elemente aus dem Frankfurter Architekturmuseum wieder, so werden etwa auf den vier oberirdischen Präsentationsebenen die verschiedenen Morphologien der räumlichen Teilungsmöglichkeiten durchgespielt. Die funktionale Verbindung zwischen den Vorgängerbauten und dem Neubau findet unter der quadratischen Freifläche statt, hier liegt eine Sequenz von Räumen, die jedoch den zentralen Durchgang in der Mittelachse nicht freigibt. Das Herz des Neubaus ist der quadratische Lichthof, der als Referenz an die Ur-Typologie der Museumsrotunde in Schinkels Altem Museum in Berlin zu verstehen ist und hier zugleich auch als Rückverweis auf den Kubus im Garten des Deutschen Architekturmuseums gelesen werden kann. Um diesen Hof herum bilden die Treppen- und Nebenräume einen baulichen Kern, sodass sich die Ausstellungsflächen auf den vier Etagen darum bis zur Fassade ausdehnen. Die Ausrichtung des Grundrisses zu einer Symmetrie an zwei Achsen stellt den Bau in die klassische Tradition von Palladios Villa Rotonda, darüber hinaus folgen auch die Proportionierungen in Teilen den Prinzipien der Renaissance. Durch die räumlich gestaffelte Schichtung von Fassade, Innenraum, Kern und Lichthof entsteht eine starke Ähnlichkeit mit der Typologie des »Haus im Haus« des Frankfurter Architekturmuseums,[18] wobei allerdings der gegenseitige Verweis der Raumschichten aufeinander entfällt, die Räume somit weit mehr zu ihrem funktionalen Recht als Museumsräume finden.

Neben den ausgeführten Museumsbauten gibt es eine Reihe nicht realisierter Wettbewerbsbeiträge von Ungers, unter denen sein Entwurf für das Deutsche Historische Museum von 1988 zu den interessantesten gehört. Bei diesem Entwurf für Berlin bezog Ungers noch einmal die komplexe Geschichte der Stadt, die er als Metapher für die Geschichte Deutschlands sah, in das architektonische Konzept mit ein. So verband er den Haupteingang des geplanten Museums durch eine städtebauliche Achse, die »Allee des Deutschen Widerstands«, über eine große Entfernung mit dem historischen Bendlerblock in der Stauffenbergstraße. Den Bau selbst richtete Ungers auf die Spree aus und setzte ihn damit in den bewussten Bezug auf Schinkels Bauten wie das Alte Museum, die Bauakademie und das Casino von Schloss Glienicke. Die Einbeziehung besonders prägnanter Zeichen der deutschen Geschichte erstreckt sich in diesem Konzept auch auf konkrete Vorschläge wie die Einrichtung eines historischen Gartens mit Kartoffelacker im Westen des Geländes oder das Pflanzen einer deutschen Eiche im Innenhof. Im Inneren kehrt die Idee einer durchgehenden Passage aus dem Entwurf für die Museen am Kulturforum wieder.

Im Vergleich zu den realisierten Bauten wie dem Deutschen Architekturmuseum und der Erweiterung der Hamburger Kunsthalle zeigt der

Galerie der Gegenwart, Erweiterung der Hamburger Kunsthalle, 1996

Deutsches Historisches Museum

Entwurf für das Deutsche Historische Museum einen unterschiedlichen Typus. Das Museum ist U-förmig um den von Westen her in den Baublock eingeschobenen Eingangsbereich herum gegliedert. Die Variationen der Raumteilung auf der Grundlage des Quadrats kehren darin zwar wieder, hier jedoch nicht in der Schichtung übereinander, sondern in der Reihung nacheinander. Ganz ähnlich verfolgte Ungers diese Strategie (die schon im Wettbewerb für Morsbroich angelegt ist) in dem fast zeitgleichen Wettbewerb für die Kunsthalle in Düsseldorf. Weit mehr als bei den anderen Projekten strebte der Entwurf für das Deutsche Historische Museum die Verknüpfung des architektonischen Solitärs mit dem Stadtraum auf mehreren Ebenen an. Ähnliches findet sich auch bei dem Entwurf für das Thermenmuseum in Trier, bei dem Ungers architektonisch weit über den eigentlichen Planungsort hinaus denkt und plant.

Wallraf-Richartz-Museum

Es war eine überaus glückliche Fügung, dass Ungers 1996, 21 Jahre nach seinem ersten Projekt für den Neubau des Wallraf-Richartz-Museums, den Wettbewerb für den Nachfolgebau für diese Sammlung gewann. Aufgrund einer Schenkung musste das Wallraf-Richartz-Museum aus jenem Bau, den die Architekten Busmann und Haberer 1986 fertig gestellt hatten, ausziehen. Der damit seit 1861 bereits vierte Bau für dieses Museum wurde nach Ungers' Plänen von 1998 bis 2000 errichtet und Anfang 2001 eröffnet.[19] Er stellt die konsequenteste Verdichtung der vorangegangenen Museumstypologien von Ungers dar. Grundlage der Planung war das nördlich an den Komplex des Gürzenich und der Kirchenruine St. Alban anschließende, unbebaute Kopfgrundstück. Ungers spaltete aus der heterogenen Fläche einen Kubus für den eigentlichen Galeriebau ab und verknüpfte ihn über ein schmales, eingeschobenes Treppengebäude mit einem zweiten, von der Kirchenruine her abgestuften Bauteil, in dem unter anderem Verwaltung, Restaurierung, Depots und ein Veranstaltungsraum untergebracht sind. Das Innere des Galeriebaus ist damit von allen dienenden Funktionen befreit und verfügt über völlig flexible Raumteilungen auf den vier Ebenen. An der Ecke zum Rathausplatz öffnet sich der Innenraum auf allen Geschossen mit Fenstern zur Stadt hin, sodass eine Orientierung von innen nach außen möglich wird.

Im Bau des Wallraf-Richartz-Museums gelingt es Ungers vollkommen, einen Museumsneubau zugleich aus einem Block als Solitär hervortreten zu lassen und ihn doch zugleich in ein städtisches Ensembles einzubinden. Das Bemühen dazu war schon beim Deutschen Architekturmuseum deutlich und trat bei der Erweiterung der Hamburger Kunsthalle offen hervor. Die Verwurzelung in der Geschichte eines Ortes findet im Wallraf-Richartz-Museum dabei nicht nur städtebaulichen Ausdruck, sondern kann über die Einbeziehung der mittelalterlichen Mauerreste im Untergeschoss auch ganz konkret erfahren werden. Wie schon am Konstantinplatz in Trier und neuerdings auch bei dem Projekt der Kaisertthermen ruht damit die Architektur der Gegenwart sichtbar auf den Resten der Vergangenheit und führt diese einer neuen Bedeutung und Funktion zu. Der außen sichtbare Fries mit den in Basalt gravierten Namen von Künstlern, die in der Sammlung vertreten sind, stammt

[19] Vgl. Katja Terlau, »Geschichte des Wallraf-Richartz-Museums«, in: Wallraf-Richartz-Museum. Der Neubau. Architektur Oswald Mathias Ungers, Köln 2001, S. 7–11.

Wallraf-Richartz-Museum, Köln,
Ansicht von Norden

Wallraf-Richartz-Museum, Köln,
Blick von innen auf das Rathaus

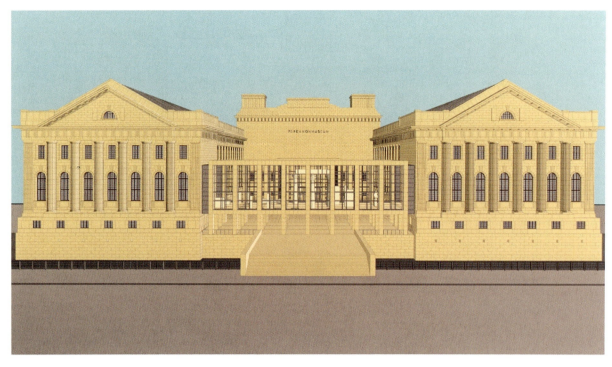

Pergamonmuseum, Berlin, Ansicht vom Kupfergraben, Entwurf, 2001

Pergamonmuseum

von dem Künstler Ian Hamilton Finlay, mit dem Ungers schon die Platzgestaltung an der Hamburger Kunsthalle verwirklichte.[20] Beim Wettbewerb für das Neue Museum hatte Ungers im Jahre 1994 erneut die Gelegenheit, sich mit der Geschichte Berlins, aber eben auch zugleich mit der über 150-jährigen Geschichte eines der international bedeutendsten Museumsensembles auseinanderzusetzen. Die zentrale Frage war die nach einer möglichen Erweiterung der historischen Museumsinsel. Grundlage dafür war sowohl die dringend notwendige Wiederherstellung und Neugestaltung des Neuen Museums als auch ein Erweiterungsbau auf der letzten Freifläche der Insel.[21] In Fortführung seiner vorherigen Museumsplanungen und mit Rücksicht auf die hochkomplexe Ausgangslage von mehreren, nicht miteinander verknüpften Solitärbauten reagierte Ungers auf diese Problemstellung mit zwei Lösungsansätzen. Die von ihm geplante Wiederherstellung des alten Kolonnadenumgangs im Außenraum – unter Verzicht der Ausbildung eines eigenen Bauköpers – stellte dabei eine fast wörtliche Rekonstruktion des Vorkriegszustands dar. Der Vorschlag einer inneren Raumverbindung der zwei Innenhöfe des Neuen Museums bot die Chance für eine architektonisch neue Gliederung, war jedoch für das Preisgericht ein zu starker Eingriff in die geschützte Substanz.

Der in diesem Wettbewerbsbeitrag bereits enthaltene Vorschlag der Schließung des vierten Flügels des Pergamonmuseums kehrte in Ungers' siegreichem Entwurf des Jahres 2000 im Wettbewerb um die Renovierung und Neustrukturierung des Pergamonmuseums wieder. Im Prinzip bedeutete er die konsequente Erfüllung der ursprünglichen Ideen von Alfred Messel.[22] Der Ehrenhof wird im neuen Plan allerdings

[20] Mit Finlay verbinden Ungers mehrere Projekte, unter anderem auch seine Privathäuser, vgl. die Beiträge von Stephanie Tasch, S. 23, und Jasper Cepl, S. 34.

[21] Vgl. *Museumsinsel Berlin. Wettbewerb zum Neuen Museum*, Stuttgart und Berlin 1994, S. 90 f.

[22] Vgl. León Krempel: »Das Pergamonmuseum«, in: *Masterplan Museumsinsel Berlin. Ein europäisches Projekt*, hrsg. von Andres Lepik, Ausst.-Kat. Neues Museum, Berlin 2000, S. 92–97.

23 Oswald Mathias Ungers, »Schönheit ist der Glanz des Wahren. Mies van der Rohes Neue Nationalgalerie«, in: *Architektur in Berlin. Das XX. Jahrhundert*, hrsg. von Andres Lepik und Anne Schmedding, Köln 2005, S. 77.

nicht mehr, wie noch im Wettbewerbsbeitrag von 1994 (und damit dem Vorbild des British Museum folgend), überdacht. Die Auftragsvergabe an Ungers für die Vorplanung des Umbaus und die Neustrukturierung des Pergamonmuseums erfolgte im April 2004. Nach gründlicher Prüfung mehrerer Planungsalternativen wird voraussichtlich ab 2011 mit der Umsetzung seiner Planungen begonnen. Die Anbindung an die archäologische Promenade ist darin, wie bereits im jüngst fertig gestellten Bode-Museum, auf der Grundlage des Masterplans Museumsinsel von 2001 vorgesehen. Wichtigstes architektonisches und konzeptionelles Element dieser Renovierung und Instandsetzung des Pergamonmuseums ist die Errichtung des Hauptrundgangs zu den Großskulpturen und Architekturen aus Babylonien, Ägypten, Griechenland und Rom. Mit der Realisierung des Pergamonmuseums erreicht Ungers einen Höhepunkt seiner mehr als 45 Jahre Erfahrung in der Planung und dem Bau von Museen. Seine engen Beziehungen zur Geschichte im Allgemeinen, zu den geistigen und materiellen Wurzeln abendländischer Kultur in der Antike und der fragmentierten Geschichte Berlins im Besonderen wird er in diesem Bau summieren können. Dem Idealprojekt der Museumsinsel als geistiger Akropolis, wie sie im 19. Jahrhundert in Berlin ihre Prägung fand und sich durch eine 175-jährige Geschichte in immer neuen konzeptionellen und baulichen Schichten konkretisierte, kann Ungers mit der Renovierung und Wiederherstellung des Pergamonmuseums quasi den Schlussstein setzen. Zugleich wird er damit sein eigenes Ideal des Museumsbaus, wie er es anlässlich Mies van der Rohes Neuer Nationalgalerie formuliert hatte, noch einmal in die Realität umsetzen: »Es ist die Botschaft der Architektur als reine Kunst, als ein in sich abgeschlossenes Werk, losgelöst von aller Realität. Ein Ort auf sich selbst bezogen. Eine geistige Akropolis, befreit von allen Zwängen und Niederungen der realen Welt.«[23] Es wäre allerdings ein fatales Missverständnis, wenn man das Ideal einer auf sich selbst bezogenen Architektur wörtlich nähme. Ungers' Museumsbauten und Projekte zielen zwar auf eine Architektur als reine Kunst, gründen aber auf dem tiefen Wissen und Bewusstsein der historischen Wurzeln. Und von jeher haben seine Museumsprojekte auch erst durch den Weg über die »Niederungen der realen Welt« zu ihrer glücklichen Konkretisierung und Vervollkommnung gefunden.

City Metaphors, im Rahmen von
MANtransFORMS, Cooper-Hewitt
Museum of Design, New York,
1976/77

Circling the Square

Wallis Miller

[1] Zu den Mitarbeitern an den Ausstellungen zählen: Frank Barth, Bernd Grimm, Dane Reinacher, Anja Sieber-Albers, Joachim Sieber und Sophia Ungers.

[2] Von den sechs Essays von Ungers in *Oswald Mathias Ungers. Architektur 1951–1990*, Stuttgart 1991, waren vier bereits begleitend zu Ausstellungen erschienen: »Entwerfen und Denken in Vorstellungen, Metaphern und Analogien« (zunächst auf Englisch für *City Metaphors*, New York 1976/77, publiziert), »Das Janusgesicht der Architektur« für *Sieben Variationen des Raumes über die Sieben Leuchter der Baukunst von John Ruskin* (Köln 1985), »Fünf Lehren aus Schinkels Werk« (für *Karl Friedrich Schinkel – Werke und Wirkungen*, Berlin 1981, eine Ausstellung von Schinkels Werken), »Das Recht der Architektur auf eine autonome Sprache« (auf Englisch für die Biennale *The Presence of the Past*, Venedig 1980, als Vortrag 1979 in Marburg präsentiert und 1981 erstmals auf Deutsch veröffentlicht, vgl. *Kunst und Gesellschaft. Grenzen der Kunst*, hrsg. von Heinrich Klotz, Franfurt am Main 1981).

[3] Die Bücher zu den Ausstellungen enthalten jeweils einen Text von Ungers. Neben den Essays, die in Anm. 2 aufgelistet sind, gibt es ein Interview von Heinrich Klotz in: *O. M. Ungers. Works in Progress 1976–80*, hrsg. von Kenneth Frampton, Ausst.-Kat. Institute for Architecture and Urban Studies, New York, New York 1981, »Maß, Zahl, Proportion«, in: *O. M. Ungers. Architekt*, Ausst.-Kat. Hamburger Kunsthalle, Stuttgart 1994, einen Essay ohne Titel in: *O. M. Ungers. Zwischenräume*, hrsg. von Anja Sieber-Albers und Sophia Ungers, Ausst.-Kat. NRW-Forum Kultur und Wirtschaft, Düsseldorf, Ostfildern-Ruit 1999, und eine Sammlung von Aphorismen in:

Die Modelle in dieser »Architekturwerkstatt« sind sauber und ordentlich. Da gibt es keine weißen Leichtschaumplatten, die lange schon durch endlose Stunden der Begutachtung abgenutzt und von tausenden speckigen Fingerabdrücken übersät sind. Es gibt ein Modell – und nicht hunderte – für jedes Projekt. Am Eingang grüßt den Besucher eine Bruce-Nauman-Skulptur anstelle von Styropor-Resten, die darauf warten, aufgekehrt zu werden. Es könnte in Düsseldorf im Jahr 1999 oder auch in Köln 1985 sein. Jedenfalls ist dies eine Ausstellung von O. M. Ungers.

Die Ungers' Werk gewidmeten Ausstellungen sind alles andere als Retrospektiven. Wie auch die Ausstellungen, auf die gerade angespielt wurde, sind sie »Werkstätten«; jedoch werden hier nicht Ateliers nachgebildet oder Endprodukte eines Gestaltungsprozesses gezeigt. Vielmehr sind die Ungers-Ausstellungen Orte der aktiven architektonischen Praxis, die gleichermaßen durch Entwürfe wie durch gebaute Objekte bestimmt sind. Das unverkennbare Markenzeichen dieser Ausstellungen ist nicht ihr monografischer Charakter, sondern die Tatsache, dass sie, wie auch Ungers' ausgeführte Projekte und seine Schriften, ein integraler Bestandteil seiner eigenen architektonischen Untersuchungen sind: Ungers und seine Mitarbeiter haben nicht einfach den Inhalt für die Ausstellungen geliefert, sie haben sie auch kuratorisch betreut und das Ausstellungsdesign entworfen. So bieten die Ausstellungen Gelegenheit, die Hauptthemen zu erkunden, die Ungers' Arbeiten vorantreiben.[1] Tatsächlich erschienen viele seiner theoretischen Texte zunächst anlässlich von Ausstellungen; die Essays, die in der 1991 erschienenen Monografie gesammelt sind, und zwar ohne Herkunftsangabe, bestätigen dies.[2] Umgekehrt werden Ungers' Ausstellungen – mit Ausnahme seiner Installation *Kubus* von 1990 – jeweils von einem seiner theoretischen Texte begleitet, der sich in der Publikation, der Einladung oder in der Ausstellung selbst findet.[3]

Ausstellungen sind ein wichtiger Weg für Ungers, seine architektonischen Konzepte jenseits vom Alltag des Bauens und Zeichnens darzustellen. Wie er 1988 Nikolaus Kuhnert in einem Interview erklärte, sind für ihn Ausstellungen Experimente, eine Gelegenheit, konzeptgetreu zu bauen, und bilden so einen Kontrapunkt zur Realität. Darüber hinaus können sie eine »Signalwirkung haben, weil sie konzentriert

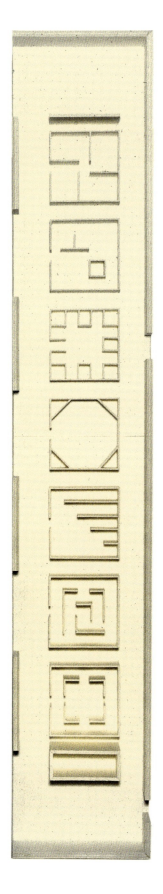

Ideen oder Gedanken wiedergeben, die also nur reines Konzept sind«.[4]
Auf seine eigenen Ausstellungen angewandt heißt dies: Sie sollen die
bestimmenden Ideen seiner Arbeit zu verstehen geben und nicht nur
deren wiederkehrende formale Kennzeichen – Quadrat, Kreis, Kubus
und Raster. In den »Werkstatt«-Ausstellungen kommen die Prinzipien,
die Ungers' Werk zugrunde liegen, in den Zeichnungen, Modellen und
Fotografien zum Ausdruck, aber auch seine Gebäude spielen herein.
Die Auswahl der Ausstellungsorte ist kaum je zufällig gewesen; einige
der jüngsten Ausstellungen fanden in Gebäuden statt, die eine große
Bedeutung für Ungers' Arbeit besitzen, wie zum Beispiel die Basilica
Palladiana in Vicenza, wo 1998 *O. M. Ungers. Architetto. Documenti*
zu sehen war, oder in Projekten, die gerade im Bau waren wie bei der
Ausstellung *O. M. Ungers. Zwischenräume,* die 1999 im NRW-Forum
Kultur und Wirtschaft in Düsseldorf stattfand (oder noch früher bei
O. M. Ungers. Architekt, die 1994 in der Hamburger Kunsthalle gezeigt
wurde). Ebenfalls 1999 eröffnete die Ausstellung *Zeiträume – Architektur
– Kontext* in der Josef-Haubrich-Kunsthalle in Köln. Die Ausstellung,
vom Wallraf-Richartz-Museum inszeniert, bezog sich ausdrücklich auf
das Museumsgebäude von Ungers, das gerade im Bau war. Diese Ausstellungen thematisieren ihren eigenen Kontext und inszenieren eine
konzeptuelle Konfrontation zwischen Präsentation und Gebäude, Objekt und Umgebung. Die sonst so unterschiedliche Installation *O. M.
Ungers. Kubus,* die 1990 von der Galerie Max Hetzler gezeigt wurde,
hatte denselben Anspruch. In diesem Fall jedoch ist die direkte Konfrontation mit der räumlichen Umgebung weniger inhaltlich aufgela-
den als die Auseinandersetzung mit dem institutionellen Kontext der
Galerie und der ihm zugrunde liegenden Morphologie. *Kubus* insze-
niere eine »Auseinandersetzung mit dem *white cube*«, schreibt Werner
Lippert im Katalog, »die in der Kunst der sechziger und siebziger Jahre
auf den Höhepunkt getrieben wurde, die schließlich im archetypischen
Ausstellungsfoto endete«.[5]
Kubus und die Ausstellung *Sieben Variationen des Raumes über die
Sieben Leuchter der Baukunst von John Ruskin* (1985) im Kölnischen
Kunstverein hinterfragen durch ihr Ausstellungsdesign auf ähnliche
Weise Konzeptualisierung, Darstellung und physische Gegebenheiten.
Kubus bestand aus der Installation von fünf Würfeln mit je drei Metern
Seitenlänge, deren beträchtliche Größe eine eindeutige Einordnung als
Modell eines Objekts oder als Objekt selbst unterband. »Ist ein Objekt,
das einen Raum darstellen soll, das so groß ist, daß es mir wie ein realer
Raum erscheint, überhaupt noch eine Darstellung von etwas, oder ist
es eben dieser?«, fragt Lippert.[6] Ungers hatte schon früher diese Mehr-
deutigkeit als einen zentralen Aspekt von Architektur benannt: »Architektur ist unmittelbare und direkte Auseinandersetzung mit der Realität«, schreibt er in seinem Essay »Das Janusgesicht der Architektur«
in der begleitenden Publikation zur Ausstellung *Sieben Variationen.*[7]
In diesem Fall thematisiert das Ausstellungsdesign die Konfrontation
auf eine etwas andere Art: Ungers verwendet Analogien anstelle von
Modellen, um die Beziehung zwischen Ideen und Wirklichkeit auszu-
drücken. Anstelle von fünf Objekten kreierte er sieben Räume (gleich-

O. M. Ungers, *10 Kapitel über Architektur,* hrsg. von Anja Sieber-Albers,
Ausst.-Kat. Wallraf-Richartz-Museum in
der Josef-Haubrich-Kunsthalle, Köln, Köln
1999. »The New Abstraction« war auf
der Einladung zur Vernissage von *O.
M. Ungers – Architekturen,* Köln 1991,
abgedruckt und ein Bestandteil der
Ausstellung *O. M. Ungers. Architetto,*
Vicenza 1998.

[4] Nikolaus Kuhnert, Interview, »O. M.
Ungers über Ausstellungsarchitektur«, in:
Zeitraum. Das Magazin von Uniplan, 2,
Mai 1988, S. 17–25, hier S. 21–23.

[5] Werner Lippert, »Der Architekt, der
Maler, der Galerist und ihr Fotograf«, in:
O. M. Ungers. Kubus, Ausst.-Kat. Galerie
Max Hetzler, Köln 1990, S. 10 f.

[6] Ebd., S. 8.

[7] Oswald Mathias Ungers, »Das Janusge-
sicht der Architektur«, in: ders., *Sieben
Variationen des Raumes über die Sieben
Leuchter der Baukunst von John Ruskin,*
Stuttgart 1985, o. S.

*Sieben Variationen des Raumes über
die Sieben Leuchter der Baukunst von
John Ruskin,* Kölnischer Kunstverein,
Modell, 1985

[8] Oswald Mathias Ungers, »Designing and Thinking in Images, Metaphors and Analogies«, in: *MANtransFORMS. An International Exhibition on Aspects of Design*, hrsg. von Hans Hollein, Ausst.-Kat. Cooper-Hewitt Museum, Smithsonian Institution, New York 1976, S. 98–104, hier S. 99.

[9] Ebd., S. 98.

wohl Räume im Inneren von Kuben), in denen er verschiedene seiner Projekte vorstellte. Die Ausstellungsbesucher konnten die Räume betreten, aber deren Maßstäbe waren unspezifisch: Ein Raum konnte ein Zimmer oder eine Stadt beschreiben. Nicht der Maßstab, sondern die Form war Angelpunkt zwischen diesen Räumen und ihren möglichen realen Gegenstücken. Die Ausstellung ermöglicht die physische Erfahrung einer formalen Idee, die, wie Ungers in seinem Essay erklärt, schon vor Maßstab, Funktion, Material oder Anwendung existiert.

Ungers' Darstellung sinnlicher Erfahrung, die auf Ideen basiert, entwickelte sich aus seinem früheren, allgemeiner gehaltenen Gedanken, dass »Realität ist, was unsere Vorstellung als solche begreift«, der sich in dem Essay »Designing and Thinking in Images, Metaphors and Analogies« findet.[8] Der Essay erschien anlässlich der Ausstellung *City Metaphors,* Ungers' Beitrag zur Ausstellung *MANtransFORMS. An International Exhibition on Aspects of Design,* für die Hans Hollein 1976 verantwortlich zeichnete. *City Metaphors* illustriert das Entstehen von visuellen Verbindungen zwischen Städten, physischen Phänomenen und Konzepten auf eine literarische Art. Ungers erklärt in seinem Beitrag: »In jedem menschlichen Wesen steckt ein starkes metaphysisches Bedürfnis, eine Realität zu schaffen, die durch Vorstellungen strukturiert ist und in der Objekte ihre Bedeutung durch Vision erhalten.«[9] Dies impliziert, dass die Wahrnehmung Voraussetzung für das Entstehen von Gedanken ist, welche wiederum die Schaffung von Realität vorantreiben.

City Metaphors gestaltete Ungers als eine Ausstellung, die sich mit den vielfältigen Konsequenzen des Verhältnisses von physischer Wirklichkeit zur Welt der Ideen auseinandersetzt. In der Galerie im Souterrain des neu eröffneten Cooper-Hewitt Museum of Design in New York gruppierte er quadratische Fotografien in drei langen horizontalen, übereinander angeordneten Reihen, die jeweils verschiedenen Kategorien gewidmet waren: Stadtpläne und -diagramme, natürliche Organismen und Konzepte in vier Sprachen. Die Galerie, eigentlich nur ein langer Gang, ist von essentieller Bedeutung für Ungers' Ausstellungskonzeption. Mit Hilfe eines Spiegels am Ende der Galerie, einer gestrichelten Mittellinie in der Art einer Fahrbahnmarkierung und einer Anzahl von menschlichen Silhouetten, die an den Wänden, dem Boden und der Decke angebracht waren, verwandelte Ungers den Gang in eine städtische Straße. Dann jedoch dreht er den Spieß um: Die Straße ist nicht die physische Manifestation einer Serie von Vorstellungen und Ideen, sondern vielmehr eine Metapher für einen idealisierten »endlosen Raum«. Darüber hinaus bildet der endlose Raum auch ein konzeptuelles System, da er unendlich viele Möglichkeiten der Assoziation zwischen den Bildkategorien eröffnet. Die Ausstellung, wie auch spätere, bietet Gelegenheit, den Einfluss von Konzeptualisierung auf Erfahrung zu hinterfragen. Gleichzeitig offeriert sie ihre eigene Räumlichkeit in Form der Straße, deren Erfahrung einen räumlichen Begriff evoziert (»endloser Raum«), und die als Modell für gedankliche Verbindungen dienen kann.

City Metaphors stellt nicht nur den Austausch zwischen Konzept und

O. M. Ungers. Architekt, Rotunde der Hamburger Kunsthalle, 1994

10 Oswald Mathias Ungers, »Zweite Raumvariation. Das Labyrinth. Skizzen und Zeichnungen«, in: Ungers 1985 (wie Anm. 7), o. S.

11 Vgl. Oswald Mathias Ungers, »Vierte Raumvariation. Das Oktogon. Sieben Isometrien«, ebd., o. S.

12 Oswald Mathias Ungers, »Architecture's Right to an Autonomous Language«, in: *The Presence of the Past. First International Exhibition of Architecture*, hrsg. von Gabriella Borsano, Ausst.-Kat. Biennale, Venedig 1980, S. 319–323.

13 Der Zusammenhang der Berliner Projekte war weniger durchbrochen, da sie drei Reihen einnahmen. Zur Ausstellung erschien eine Broschüre, die einen Plan der Ausstellung und eine Liste der Objekte enthielt, die jeweils mit ihren Koordinaten auf dem Raster gekennzeichnet waren: A1, F6 und so weiter. Die Klarheit dieses Systems unterstrich jede Übereinstimmung oder Abweichung im Verhältnis der Organisation der Ausstellung zu ihrem Inhalt.

14 Vgl. auch die Ausstellung von 1994 in Hamburg mit der begleitenden Publikation (wie Anm. 3). Dieser Band, der von allen Publikationen zu Ausstellungen wohl am ehesten einem »normalen« Ausstellungskatalog entspricht, enthält sogar eine Liste der ausgestellten Objekte. Jedoch stimmen die darin aufgeführten Objekte und ihre Reihenfolge nicht mit den Objekten und der Reihenfolge der Objekte in der Ausstellung überein, und ebenso wenig zeigen die Abbildungen im Buch diese Objekte.

Realität dar, der für Ungers' Denken so wichtig ist, sondern zeigt auch, dass der physische Aufbau der Ausstellung ein sowohl erkenntnistheoretischer als auch architektonischer Ansatz sein kann. Zehn Jahre später nimmt die Ausstellung *Sieben Variationen des Raumes über die Sieben Leuchter der Baukunst von John Ruskin* diesen Ansatz wieder auf. Während sich einige ihrer sieben Räume auf die Architektur bestimmter Gebäudetypen beziehen, verweisen andere auf die Konzeptualisierung, die spezifisch ist für eine Form der Darstellung. Ungers zeigt das Labyrinth als eine Verräumlichung des Skizzierens, das er als einen kreativen Prozess versteht. »Es ist der Raum der Suche / und des Irrtums / des Verlorensein / in den Verbindungen der Gänge«, schreibt er in dem Buch, das zur Ausstellung erschien.[10] Während das Labyrinth eine Form des Erzeugens von Ideen verkörpert, steht das Oktogon für eine Weise, Ideen wahrzunehmen. Im Inneren des Oktogons konvergieren die »Zentralität« und die »Ausgewogenheit/Harmonie und Konzentration auf den Mittelpunkt« jeder der dort gezeigten isometrischen Zeichnungen mit den entsprechenden Eigenschaften des Raumes. »Der Raum ruht in sich selbst und ist / eine reine Form / des Innenraumes.«[11] Die Präsenz der Zeichnungen erinnert daran, dass diese sinnträchtigen räumlichen Qualitäten durch die Betrachtung bedingt sind. Wie auch in *City Metaphors* verwandeln das Labyrinth und das Oktogon in *Sieben Variationen des Raumes* die enge Beziehung von Sehen und Verstehen in eine sinnliche Erfahrung.

Die großen Ausstellungen in den späten 1990er Jahren, die so genannte Trilogie in Vicenza (1998), Düsseldorf (1999) und Köln (1999/2000), sind ebenfalls dem Prinzip der Assoziation folgend gestaltet und können demnach ebenso als erkenntnistheoretische Modelle wie als Manifestationen von Ungers' architektonischen Prinzipien verstanden werden. Ungers strukturiert hier die Unendlichkeit der visuellen Assoziationen, die er in der Gestaltung von *City Metaphors* linear umgesetzt hatte, auf neue Weise als ein Feld, bestehend aus einem Grundraster und quadratischen Ausstellungseinheiten (in Köln nur im Obergeschoss). Die Einheitlichkeit der Dimensionen legt nahe, dass es keine Hierarchie der Assoziationen gibt, und die Anordnung der Inhalte bestätigt diese Lesart. Es ist augenscheinlich, dass die chronologische Ordnung hier keine vorrangige Rolle spielt, ebenso wenig wie ein Arrangement, das auf Faktoren basiert, die, nach Ungers' Ansicht, außerhalb von Architektur liegen: Funktion, Technologie oder soziale Gegebenheiten.[12] In der Ausstellung in Vicenza wies Ungers nahezu alle Projekte, die an ähnlichen Orten entstanden waren oder zu einem bestimmten Gebäudetyp (Wohnhaus) gehörten, derselben Reihe im Raster zu, aber der heterogene Charakter der kreuzenden Reihen durchbrach diesen Zusammenhang.[13] Sogar die Kunstwerke, Bücher und Kork- und Gipsmodelle waren nicht immer von den Architekturprojekten getrennt ausgestellt, sondern standen oftmals direkt im Blickfeld. Verglichen mit den Monografien und anderen Publikationen haben die Ausstellungen eine eigene Ordnung, die Ungers offensichtlich nicht zwischen die Deckel eines Buches pressen wollte.[14]

Obwohl alle drei Ausstellungen in Form eines Rasters aufgebaut waren, war die Anordnung der Objekte jeweils unterschiedlich. Ungers scheint die Ausstellungen so zu nutzen wie jeden kreativen Moment: als eine Gelegenheit, den Assoziationen freien Lauf zu lassen, um so die architektonischen Bezüge zwischen seinen Projekten und den anderen Objekten neu überdenken zu können. Die minimalistische Verwendung von Text sogar in der Objektbeschriftung und die Einheitlichkeit des Rasters zeigen, dass er diese Freiheit auch den Besuchern lässt. So konnten diese nun die immer präsenten Raster und Quadrate nicht nur mit den physischen Kennzeichen von Ungers' Design in Verbindung bringen, sondern sie auch als Verräumlichung seiner Art zu denken erleben. Wie ein Kritiker der *Berliner Zeitung* kommentierte, eröffneten diese Ausstellungen den Besuchern »mehr ein[en] Blick in den geistigen Werkzeugkasten des Meisters als in sein kubisches Herz«; sie gaben ihnen darüber hinaus die Gelegenheit, einige dieser Werkzeuge gleich zu benutzen.[15]

Die Freiheit, die so zentral für die erkenntnistheoretische Struktur der Ausstellung ist, ist ebenso wichtig für Ungers' Verständnis seiner eigenen Beziehung zu den Objekten in seinem Besitz. Er hat sich geweigert, sich selbst als Sammler und seine Objekte als Sammlung zu begreifen: »Man müßte eher von einer Ansammlung sprechen oder von Schichten, die sich im Laufe der Jahre abgelagert haben.«[16] Er will jedes Objekt für sich beurteilen, es vor den Zumutungen eines vorgefertigten Sammlungskonzepts schützen. Wie uns jedoch Thomas Tanselle in seinem Essay »A Rationale for Collecting« von 1999 erklärt, hängt der Charakter einer Sammlung nicht von einer Vision ihrer grundsätzlichen Ausformung ab, sondern von den Beziehungen zwischen den Objekten, die dadurch entstehen, dass sie am selben Ort versammelt sind. »Wie verbunden oder beziehungslos auch immer eine Gruppe von Besitztümern erscheinen mag, ergeben sich dennoch in jedem Fall Gegenüberstellungen, die ohne das Eingreifen des Sammlers in die Schicksale dieser Objekte nie entstanden wären«, so Tanselle.[17] Für Ungers ergeben sich diese Gegenüberstellungen nicht, wenn er die Objekte kauft oder in Besitz nimmt, sondern wenn er sie anordnet oder ausstellt. Der Akt des Ausstellens macht die Ansammlung zur Sammlung, indem er die Beziehungen zwischen den Objekten verändert und die Sammlung in jeder Darstellung und jeder Betrachtung neu definiert.

Eine unauflösliche Verbindung von Sammeln und Ausstellen war für Ungers von Anbeginn seiner Karriere an eine Inspiration für seinen Umgang mit Architektur. Als Nikolaus Pevsner 1961 Ungers' Haus in der Belvederestraße als eine Arbeit der Architektur des deutschen Expressionismus kritisierte, wurde Ungers klar, wie wenig er über den deutschen Expressionismus wusste, und er begann, sich damit auseinanderzusetzen.[18] Sein Ansatz war, nicht nur zum Thema zu lesen und darüber zu diskutieren, sondern auch Briefe der Mitglieder der expressionistischen Gruppe »Gläserne Kette« zu sammeln und sie 1963 auszustellen.[19] Indem er Sammeln und Ausstellen als Mittel zum Verständnis einsetzte, beschrieb Ungers eine besondere Form der Entstehung von Wissen: Er stellte Begriffe in Form gefundener Objekte dar – in diesem Fall den deutschen Expressionismus in Form von Briefen.

[15] Jürgen Riedemeister in Bezug auf die Kölner Ausstellung, »Alles, was Ecken und Kanten hat. Bau und Kunst von Oswald Mathias Ungers im NRW-Forum Düsseldorf«, in: *Berliner Zeitung*, 11. Juni 1999.

[16] Zit. n. Bruno F. Schneider, »Huldigung an die reine Form«, in: *Kölnische Rundschau*, 6. November 1999.

[17] G. Thomas Tanselle, »A Rationale for Collecting«, in: *Raritan. A Quarterly Review*, 19, 1, Sommer 1999, S. 23–50, hier S. 44.

[18] Fritz Neumeyer, »Architektonisches Enigma. Ein Ganzes für sich und eine Einheit aus Einzelheiten«, in: Ungers 1991 (wie Anm. 2), S. 7–23, hier S. 8.

[19] Udo Kultermann organisierte die Ausstellung gemeinsam mit Ungers. Vgl. Oswald Mathias Ungers und Udo Kultermann, *Die gläserne Kette. Visionäre Architekturen aus dem Kreis um Bruno Taut 1919–1920*, Ausst.-Kat. Museum Leverkusen, Schloss Morsbroich; Akademie der Künste, Berlin [1963].

O. M. Ungers. Architetto. Documenti, Basilica Palladiana, Vicenza, 1998

O. M. Ungers. Zwischenräume.
Architektur – Kunst – Dokumente,
NRW-Forum Kultur und Wirtschaft, Düsseldorf, 1998

O. M. Ungers: Zeiträume –
Architektur – Kontext,
Josef-Haubrich-Kunsthalle, Erdgeschoss, Köln, 1999/2000

O. M. Ungers: Zeiträume – Architektur – Kontext,
Josef-Haubrich-Kunsthalle, Obergeschoss, Köln, 1999/2000

O. M. Ungers. Kubus, Galerie Max Hetzler, Ausstellungsraum,
Alsdorfer Straße, Köln-Braunsfeld, 1990

[20] Der Aphorismus findet sich in: Oswald Mathias Ungers, »Aphorismen zur Architektur«, in: *Oswald Mathias Ungers. Bauten und Projekte 1991–1998*, Stuttgart 1998, S. 9–21, hier S. 9. Er ist wieder abgedruckt in: Düsseldorf 1999 (wie Anm. 3), S. 765.

[21] Dieses Goethe-Zitat stellte Ungers seinem Buch *Morphologie. City Metaphors*, Köln 1982, voran (S. 5).

[22] Johannes Erdmann, »Die Norm ist nicht das Normale«, in: *Bauwelt*, 38/39, 1963, S. 1116, 1118.

[23] Vgl. Ungers 1991 (wie Anm. 2), S. 216–219.

Mein besonderer Dank gilt meinen Assistentinnen Yolande Korb und Maggie Knoll sowie Anja Sieber-Albers vom Ungers-Archiv.

So gab er zu verstehen, dass deren Vorhandensein seiner Beschäftigung mit ihnen vorausging. Sein Beharren darauf, dass Verständnis auf dem Entdecken von etwas bereits Existenten basiert und nicht auf dem Erfinden von etwas Neuem, wird wiederholt in seiner Auseinandersetzung mit gefundenen – zum Teil auch immateriellen – Objekten deutlich. Sogar eigene Aphorismen wirken in wiederholtem Gebrauch wie Fundstücke: »Architektur heißt nicht Erfinden, sondern Entdecken, ein immer wieder neues Interpretieren bekannter Begriffe, die Welt mit anderen Augen sehen, neu erleben, wieder finden und mit ungewohnten Inhalten beleben.« [20]

Obwohl in der Ausstellung zur »Gläsernen Kette« nur die gefundenen Briefe gezeigt wurden, konnte Ungers durch sie den Expressionismus »mit anderen Augen« sehen. Es ist, als habe er die Ausstellung aus dem gleichen Grund organisiert, aus dem Goethe nach Indien gehen wollte: »nicht um Neues zu entdecken, sondern um das Entdeckte nach meiner Art anzusehen«.[21] Die Ausstellung war keine historische Rückschau, die die Briefe in ihren ursprünglichen Kontext zurückversetzte, sondern sie bot, wie der Kritiker der *Bauwelt* erklärte, einen »Impuls, gegenwärtige Architektur durch schöpferische Aktivität aus der Sackgasse herauszuführen«.[22] Ungers' Sammeln und Ausstellen löste die Briefe der »Gläsernen Kette« aus der Dringlichkeit ihrer Zeit und setzte sie in Verbindung zu zeitgenössischen Arbeiten und Diskussionen. Dabei war die Ausstellung nicht einfach ahistorisch, sondern sie lebte von der Spannung zwischen dem expressionistischen Kontext, in dem die Briefe entstanden waren, und dem Kontext zeitgenössischer Architektur zu Beginn der 1960er Jahre. Ungers' eigene Ausstellungen leben weiterhin von dem Spannungsverhältnis zwischen dem Kontext, in dem die Arbeiten entstanden sind und der auch die Strukturen für die Monografien liefert, und den neuen Landschaften, die in den Galerien erbaut werden. Wenn man sie als Unterbrechung dieser originalen Zusammenhänge versteht, dann eröffnen diese Landschaften ein Verständnis von Ungers' Werk, das neue Interpretationen erschließt.

Trotz dieser Offenheit liefern die Ausstellungen doch immer ein Porträt von Ungers' eigener Sicht der Dinge: Sie umfassen sowohl die täglichen Umstände seines Sehens als auch seine Sehweise. Damit ermutigen sie den Betrachter, Ungers' Haus und sein Büro selbst als eine Ausstellung zu betrachten. Ungers' Rückschau über sein Werk von 1951 bis 1990 enthält, ein Novum für seine Monografien, eine Sektion über Ausstellungen. Die vorangehende Sektion über Bauten schließt chronologisch mit dem »Kubushaus« von 1989/90, welches Ungers' Büro, sein Archiv und viele seiner Bücher und gesammelten Objekte beherbergt.[23] Es ist wohl ein sehr willkommener chronologischer Zufall, der das »Kubushaus« so prominent an dieser Schnittstelle zwischen Bauten und Ausstellungen platziert. Auch wenn Ungers' Haus heute nicht mehr sein letztes Projekt ist, ist es doch der Ort, an dem seine Architektur und sein Denken über Architektur zusammenfließen. Im Unterschied zu seinen anderen Arbeiten ist seine Werkstatt Ungers' bleibende Ausstellung.

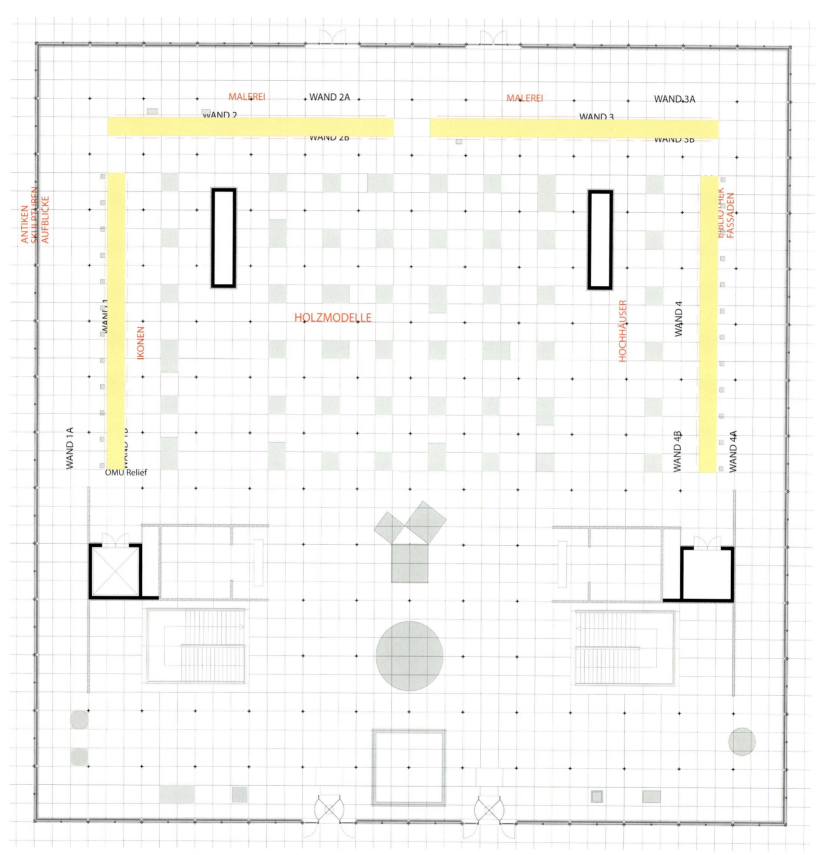

MALEREI · WAND 2A

MALEREI · WAND 3A

WAND 2

WAND 3

WAND 2B

WAND 3B

ANTIKEN SKULPTUREN AUFBLICKE

BIBLIOTHEK FASSADEN

WAND 1

IKONEN

HOLZMODELLE

HOCHHÄUSER

WAND 4

WAND 1A

WAND 1B

OMU Relief

WAND 4B

WAND 4A

O. M. Ungers. Kosmos der Architektur, Plan der Ausstellung
in der Neuen Nationalgalerie, Berlin, 2006

Liste der ausgestellten Werke

Alle Werke aus der Sammlung O. M. Ungers

BAUTEN UND PROJEKTE

Wohn- und Bürohaus Belvederestraße,
Köln, 1958/59

Studentenwohnheim TH Twente,
Enschede, Niederlande, 1964

Museen Preußischer Kulturbesitz,
Berlin, 1965

Deutsche Botschaft beim Heiligen Stuhl,
Rom, 1965

Wallraf-Richartz-Museum, Köln, 1975

Roosevelt Island, New York, 1975

Wohnbebauung Ritterstraße,
Marburg, 1976

Um- und Neubau der Nebengebäude
des Museums Schloss Morsbroich,
Leverkusen, 1976–1980

Hotel Berlin, Berlin, 1977

Abwasser-Pumpwerk Tiergarten,
Berlin, 1978

Deutsches Architekturmuseum,
Frankfurt am Main, 1979–1984

Galleria, Frankfurt am Main, 1980–1983

Alfred-Wegener-Institut,
Bremerhaven, 1980–1984

Badische Landesbibliothek,
Karlsruhe, 1980–1992

Deutsche Bibliothek,
Frankfurt am Main, 1982

Torhaus, Frankfurt am Main, 1983/84,
Erweiterung 1989–1997

Haus Glashütte, Bitburg, 1986–1988

Galerie der Gegenwart, Erweiterung der
Hamburger Kunsthalle, 1986–1996

Generalbundesanwaltschaft, Karlsruhe,
1986–1998

Wohnbebauung Köthener Straße–Bern-
burger Straße, Berlin, 1987

Residenz des Deutschen Botschafters,
Washington, D. C., USA, 1987–1995

Heizkraftwerk GEW,

Köln-Merheim, 1988–1990

Thermen am Viehmarkt,
Trier, 1988–1996

Piazza Matteotti, Siena, 1989

Kubus-Haus (Bibliothek), Köln, 1989/90

Familiengericht, Berlin, 1989–1995

Haus der Geschichte Baden-Württem-
berg, Stuttgart, 1990

Palazzo del Cinema,
Lido von Venedig, 1990

Potsdamer/Leipziger Platz, Berlin, 1991

Friedrichstadtpassagen Block 205, Berlin
1991–1995

Lehrter Stadtquartier – Büro- und Wohnhäuser MK3–MK 7, Hochhaus MK8,
Kubus MK9, Berlin, Planung seit 1994

Haus Kämpchensweg, Köln, 1994–1996

Kunstpalast Düsseldorf, Museum und
Bürogebäude, Düsseldorf, 1995–2001

Wallraf-Richartz-Museum,
Köln, 1997–2000

Pergamonmuseum, Berlin,
Grundinstandsetzung und Ergänzung,
Planung seit 2000

Eingang Messe Süd, Berlin, 2001/02

Contrescarpe Center,
Bremen, 2003–2005

HOLZMODELLE

Abwasser-Pumpwerk Tiergarten,
Berlin, M 1:50

Alfred-Wegener-Institut,
Bremerhaven, M 1:100

Badische Landesbibliothek,
Karlsruhe, M 1:100

Contrescarpe Center, Bremen, M 1:100

Deutsches Architekturmuseum,
Frankfurt am Main, M 1:100

Deutsche Bibliothek,
Frankfurt am Main, M 1:200

Deutsche Botschaft beim Heiligen Stuhl,
Rom, M 1:500

Eingang Messe Süd, Berlin, M 1:100

Familiengericht, Berlin, M 1:100

Friedrichstadtpassagen Block 205,
Berlin, M 1:100

Galerie der Gegenwart, Erweiterung der
Hamburger Kunsthalle, M 1:200

Galleria, Frankfurt am Main, M 1:100

Generalbundesanwaltschaft,
Karlsruhe, M 1:100

Haus der Geschichte Baden-Württem-
berg, Stuttgart, M 1:100

Haus Glashütte, Bitburg, M 1:50

Haus Kämpchensweg, Köln, M 1:50

Heizkraftwerk GEW,
Köln-Merheim, M 1:100

Hotel Berlin, Berlin, M 1:200

Kubus-Haus (Bibliothek), Köln, M 1:33

Kunstpalast, Düsseldorf, M 1:100

Lehrter Stadtquartier, Berlin, M 1:1000

Museen Preußischer Kulturbesitz,
Berlin, M 1:500

Palazzo del Cinema, Venedig, M 1:200

Pergamonmuseum, Berlin, M 1:200

Piazza Matteotti, Siena, M 1:200

Potsdamer/Leipziger Platz,
Berlin, M 1:1000

Residenz des Deutschen Botschafters,
Washington, D. C., USA, M 1:100

Roosevelt Island, New York, M 1:500

Schloss Morsbroich,
Leverkusen, M 1:200

Studentenwohnheim TH Twente,
Enschede, Niederlande, M 1:200

Thermen am Viehmarkt, Trier, M 1:100

Torhaus, Frankfurt am Main, M 1:100

Wallraf-Richartz Museum,
Köln, 1975, M 1:500

Wallraf-Richartz Museum,
Köln, 1997–2000, M 1:100

Wohnbebauung Köthener Straße–Bern-
burger Straße, Berlin, M 1:100

Wohnbebauung Ritterstraße,
Marburg, M 1:50

Wohn- und Bürohaus Belvederestraße,
Köln, M 1:100

**FOTOTAFELN
120 X 120 CM, AUFBLICKE**

Alfred-Wegener-Institut,
Bremerhaven, 1980–1984

Badische Landesbibliothek, Karlsruhe,
1980–1992

Galerie der Gegenwart, Erweiterung der
Hamburger Kunsthalle, 1986–1996

Bayerische Hypotheken- und Wechsel-
Bank, Düsseldorf, 1988–1991, Aufblick
vom Innenhof

Bayerische Hypotheken- und Wechsel-
Bank, Düsseldorf, 1988–1991

Kubus-Haus (Bibliothek), Köln, 1989/90

Messe, Frankfurt am Main, 1989–1997

Messe, Frankfurt am Main, 1989–1997

Messe Berlin, 1990–1999

Johannishaus, Köln, 1991–1994

Alfred-Wegener-Institut,
Potsdam, 1993–1999

FOTOTAFELN FASSADEN

Mehrfamilienwohnhaus Hültzstraße,
Köln, 1951

Wohnbebauung Forellenweg,
Salzburg, 1984

Haus Glashütte, Bitburg, 1986–1988

Generalbundesanwaltschaft,
Karlsruhe, 1986–1998

Familiengericht, Berlin, 1989–1995

Messe Berlin, 1990–1999

Messe Berlin, 1990–1999

Messe Berlin, 1990–1999

Bürogebäude Magnusstraße, Köln, 1991

Friedrichstadtpassagen Block 205, Berlin, 1991–1995

Wallraf-Richartz-Museum, Köln, 1997–2000

ALTE MALEREI

Hendrik van Cleve III, *Der Turmbau zu Babel*, Mitte 16. Jahrhundert

François de Nomé, *Ruinencapriccio bei Nacht*, 1622

Lancelot Théodore Turpin de Crissé, *Die Akropolis von Athen*, 1804

Franz Kaisermann, *Konstantinsbogen in Rom*, 1816

Carl Georg Adolph Hasenpflug, *Blick auf den Gendarmenmarkt*, 1822

Leo von Klenze, *Der ältere Heratempel in Paestum*, 1859

MALEREI DES 20. JAHRHUNDERTS

Piet Mondrian, *Composition with Red, Yellow and Blue*, 1927

Josef Albers, *Homage to the Square: Waiting*, 1962

Blinky Palermo, *Ohne Titel*, 1969

Ellsworth Kelly, *Black Green*, 1980

Albert Oehlen, *Rom*, 1985

Gerhard Richter, *Grauer Spiegel*, 1990

SKULPTUREN DES 20. JAHRHUNDERTS

Markus Lüpertz, *Dachpfanne*, 1967

Bruce Nauman, *Square*, 1977/1988

Sol LeWitt, *Lines in Four Directions*, 1982

Hubert Kiecol, *3 Standardhäuser*, 1985

Ian Hamilton Finlay, *The Twelve Who Ruled*, 1989

Donald Judd, *Half Solid Tube Piece*, 1990

Ian Hamilton Finlay, *Anagramm EUCLID: IL DUCE*, 1994/95

Ian Hamilton Finlay, *Anagramm PIRANESI: I SIRE PAN*, 1994/95

Ian Hamilton Finlay, *Anagramm SOCRATES: ROSES ACT*, 1994/95

Gerhard Merz, *Idealquadrat*, 1995

Carl Andre, *The Voiden Closed by the Squares of Three, Four and Five*, 1997

Richard Long, *Basalt Circle*, 1999

GIPSABGÜSSE

Nike von Samothrake, um 190 v. Chr.

Apollonios (Sohn des Nestor),

Torso vom Belvedere, attisch, für Rom gearbeitet, um 60–50 v. Chr.

Antonia Augusta, sog. Hera (röm. Juno) Ludovisi, römisch, claudische Zeit

Christian Friedrich Tieck, *Büste Karl Friedrich Schinkel (1781–1841)*, 1819

Bernd Grimm, *O. M. Ungers*, Schichtenmodell in Alabastergips, 1997

ANTIKEN

Räucheraltar in Form des Almaqah-Tempels von Ma'rib, südarabische Halbinsel, Jemen (al-Dschauf), Reich von Ma'in, 7.– 4. Jahrhundert v. Chr.

Apollo, römisch, 5. Jahrhundert v. Chr.

Votivkopf eines Mannes, etruskisch, 4. Jahrhundert v. Chr.

Korinthisches Pfeilerkapitell, römisch, 3. Jahrhundert v. Chr.

Herme des Gottes Apollo, römisch, 1. Jahrhundert v. Chr.

Ionisches Kapitell, römisch, spätrepublikanisch oder spätaugusteisch

Aphrodite, römisch nach griechischem Vorbild

ARCHITEKTURIKONEN

(Architekturikonen und Hochhausmodelle stammen von Bernd Grimm)

Castel del Monte, M 1:70

Kenotaph von Newton, M 1:400

Mausoleum von Halikarnassos, M 1:66

Pantheon, M 1:50

Parthenon, M 1:50

Tempietto, M 1:15

HOCHHAUSMODELLE

(Entwürfe von O. M. Ungers, alle im Maßstab 1:200)

Hochhaus City West, Frankfurt am Main, 1988

Castrum, Neuss, 1990

Hochhaus am Landtag, Düsseldorf, 1991

Portalhäuser, Frankfurt am Main, 1991

Torhaus, Neuss, 1991

Turmhaus, Neuss, 1991

ALTE MODELLE

Konstantinsbogen in Rom, Kork und Terrakotta, Luigi Garotti, 18. Jahrhundert

Tempel der Dioskuren in Rom, Kork, Künstler unbekannt, 19. Jahrhundert

BÜCHER

Leon Battista Alberti, *De re aedificatoria libri decem*, Nicolaus Laurentii, Florenz 1485

Luca Pacioli, *Divina proportione*, P. de Paganinis, Venedig 1509

Vitruv, *De architectura libri decem*, hrsg. von Fra Giocondo, Venedig 1511

Di Lucio Vitruvio Pollione de *Architectura Libri Dece*, hrsg. von Cesare Cesariano, Como 1521

Albrecht Dürer, *Vier Bücher von menschlicher Proportion*, Christian Wechel, Paris 1532

Andrea Palladio, *I quattro libri dell'architettura*, Domenico de' Franceschi, Venedig 1570

Robert Wood, *Les Ruines de Palmyre*, London 1753

Julien David Le Roy, *Les Ruines des plus beaux monuments de la Grèce*, Paris 1758

Giovanni Battista und Francesco Piranesi, *Gesamtwerk in 27 Bänden*, Paris 1800–1807

Claude-Nicolas Ledoux, *L'Architecture considérée sous le rapport de l'art, des mœurs et de la législation*, Paris 1804

James Stuart und Nicholas Revett, *The Antiquities of Athens*, London 1808–1822

Description de l'Égypte, 9 Textbände und 11 Tafelbände, Paris 1809–1822

Johann Wolfgang von Goethe, *Zur Farbenlehre*, Tübingen 1810

Philipp Otto Runge, *Farben-Kugel*, Hamburg 1810

Schinkel's Möbel-Entwürfe, hrsg. von Ludwig Lohde, Berlin 1835–1837

De Stijl, hrsg. von Theo van Doesburg, 1917–1928

Kasimir Malewitsch, *Über neue Systeme in der Kunst. Statik und Geschwindigkeit*, Witebsk 1919 (russische Ausgabe)

El Lissitzky, *Von zwei Quadraten*, Redaktion Theo van Doesburg, Witebsk 1920 (Vorabdruck, russische Ausgabe)

Wladimir Jewgrafowitsch Tatlin, *Monument der III. Internationalen*, hrsg. von Nikolai Nikolajewitsch Punin, Petersburg 1920 (russische Ausgabe)

Gegenstand. Internationale Rundschau der Kunst der Gegenwart, hrsg. von El Lissitzky und Ilja Ehrenburg, Berlin 1922

Staatliches Bauhaus in Weimar 1919–1923, Weimar und München 1923

G. Zeitschrift für elementare Gestaltung, hrsg. von Hans Richter, Berlin 1924

WchUTEMAS, Arbeiten der Architekturfakultät WchUTEMAS 1920–1927, Moskau 1927 (russische Ausgabe)

bauhaus. Zeitschrift für Gestaltung, H. 1–4, hrsg. von Hannes Meyer, Schriftleitung Ernst Kállai, Bauhaus Dessau 1929

Walter Gropius, *Bauhausbauten Dessau*, Bauhausbücher Bd. 12, hrsg. von Walter Gropius und László Moholy-Nagy, München 1930

Le Corbusier, *UNE PETITE MAISON*, Edition Girsberger, Zürich 1954

Le Corbusier, *LE POEME DE L'ANGLE DROIT*, o. O. 1955

Le Corbusier, Originalzeichnungen zu *UNE PETITE MAISON*

ZU DEN AUTOREN

JASPER CEPL

Architekt, Promotion an der TU Berlin über
Oswald Mathias Ungers. Eine intellektuelle Biographie

OLIVER ELSER

Architekturkritiker in Wien; Publikationen zur Geschichte und
Theorie des Architekturmodells

MARTIN KIEREN

Professor für Architekturgeschichte an der
Technischen Fachhochschule Berlin

WILFRIED KÜHN

Architekt im Büro Kühn Malvezzi Architekten, Berlin

ANDRES LEPIK

Leiter der Architektursammlung 20./21. Jahrhundert an der
Kunstbibliothek, Staatliche Museen zu Berlin

WALLIS MILLER

Professorin an der School of Architecture, University of Kentucky,
forscht und publiziert über Architekturausstellungen im 19. und
20. Jahrhundert

STEPHANIE TASCH

Kunsthistorikerin, Berlin, Spezialisierung auf private
Kunstsammlungen

DANK

Das erfolgreiche Zustandekommen von Ausstellung und Katalog verdanken wir dem persönlichen Engagement und der konzeptionellen
Unterstützung von Sophia Ungers sowie dem besonderen Einsatz von
Anja Sieber-Albers und Bernd Grimm aus dem Archiv Ungers. Darüber hinaus stand uns Jasper Cepl von Beginn an mit entscheidenden
Hilfestellungen zur Seite. Wir danken ihm auch für die Organisation
des begleitenden Kolloquiums an der TU Berlin. Zugleich danken
wir Erika Mühlthaler, die an der TU die damit verbundene Ausstellung über Ungers als Lehrer vorbereitet hat, für die erfolgreiche
Zusammenarbeit.

Für den Katalog danken wir besonders Cristina Inês Steingräber und
Julika Zimmermann sowie Sibylle Luig. Weiterer Dank gilt Katrin
Käding, Carson Chan, Magdalena Purtak, Gergana Stefanova und
Simone Bader.

Die Transporte der Ausstellung führte Roggendorf fine art Kunst-
transporte durch. Für die Einrichtung der Ausstellungsobjekte danken
wir besonders Hans Pietsch, Bettina Gojowczyk, Thomas Schreiber
und Ingo Valls. Für ihre Hilfe gilt unser herzlicher Dank ferner Paul
Kahlfeldt und Pascal Dworak sowie Klaus Schuwerk.

BILDNACHWEIS

Archiv Ungers: S. 20–24,
29, 49, 50, 57, 58, 59, 68, 70, 71,
74–78, 80, 84, 85, 86, 94, 98, 108
Uwe Dettmar: S. 72
Walter Ehmann: S. 33
Dr. Frickhinger: S. 35
Candida Höfer: S. 30, 37
Dietmar Katz: S. 39
Dieter Leistner: S. 46
Norman McGrath: S. 96
Stefan Müller: S. 1–8,
14, 18, 25, 26, 38, 40, 42, 43, 45,
52, 54, 60–66, 82, 88–93, 100–105
Picture-Alliance/dpa: S. 12
Wilhelm Schürmann: S. 106

O. M. UNGERS
Kosmos der Architektur
Herausgegeben von Andres Lepik

Texte von Jasper Cepl, Oliver Elser, Martin Kieren,
Wilfried Kühn, Andres Lepik, Wallis Miller, Stephanie Tasch

S M
B Nationalgalerie
Staatliche Museen
zu Berlin

Diese Publikation erscheint anlässlich der Ausstellung

O. M. Ungers. Kosmos der Architektur
Neue Nationalgalerie, Staatliche Museen zu Berlin,
27. Oktober 2006 bis 7. Januar 2007

Die Drucklegung dieses Buches wurde ermöglicht durch
freundliche Unterstützung von USM Möbelbausysteme

Die Ausstellung wurde unterstützt durch HOCHTIEF,
Bankhaus Sal. Oppenheim jr. & Cie., Zumtobel Staff

Herausgeber: Andres Lepik
Wissenschaftliche Redaktion: Jasper Cepl
Lektorat: Anke Beck
Übersetzung (Wallis Miller): Sibylle Luig
Grafische Gestaltung: Rose Apple
Satz: Rose Apple, Wolfgang Schneider
Schrift: Garamond, Futura
Reproduktionen: Reschke, Steffens & Kruse
Papier: LuxoSamtoffset, 150 g/m²
Buchbinderei: Verlagsbuchbinderei Dieringer, Gerlingen
Gesamtherstellung: Dr. Cantz'sche Druckerei, Ostfildern

Erschienen im
Hatje Cantz Verlag
Zeppelinstraße 32
73760 Ostfildern
Tel. +49 711 4405-200
Fax +49 711 4405-220
www.hatjecantz.de

Buchhandelsausgabe: Gebunden mit Schutzumschlag
ISBN 978-3-7757-1820-2 (Deutsch)
ISBN 978-3-7757-1881-3 (Englisch)
Museumsausgabe: Pappband
ISBN 3-88609-541-X (Deutsch)
ISBN 3-88609-542-8 (Englisch)

Printed in Germany

Umschlagabbildung: Haus Glashütte, 1986–1988
Foto: Stefan Müller

Fotos Seite 1–8: Stefan Müller
S. 1: Haus Kämpchensweg, Eingangspergola mit *Anagramme*
    von Ian Hamilton Finlay, Gipsmodelle mit Jonathan Hirschfeld
    1985/87, Bronzeguss 1994/95
S. 2: Haus Belvederestraße, Albert Oehlen, *Rom*, 1985
S. 3: Haus Belvederestraße, Carl Andre, *Belgisch Blau I*, 1986
S. 4: Haus Belvederestraße, Blick in den Bibliothekskubus
S. 5: Haus Belvederestraße, Blick an die Decke des Bibliothekskubus
S. 6: Haus Kämpchensweg, Wohnraum, um 2005
S. 7, o. l.: Haus Glashütte, Treppenaufgang
    o. r.: Haus Glashütte, Wohnraum
    u. l.: Haus Kämpchensweg, Bad
    u. r.: Haus Kämpchensweg, Küche und Esszimmer
S. 8: Haus Kämpchensweg, Ansicht von der Straße

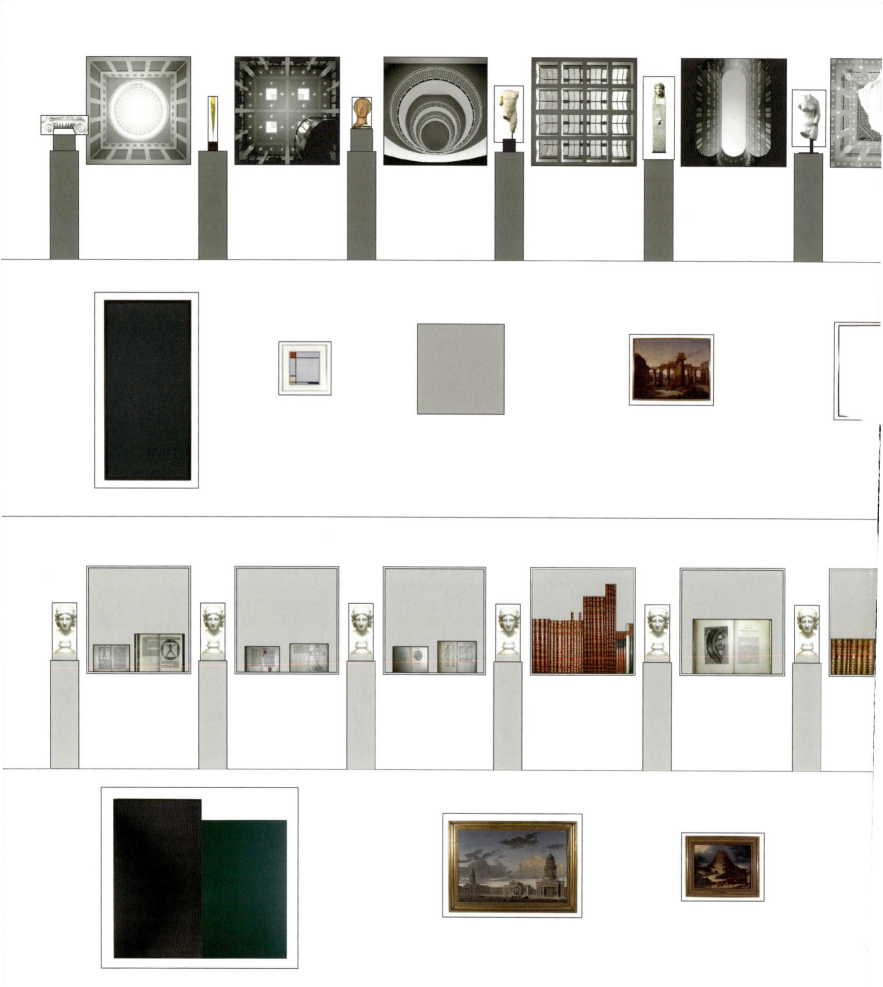